UNION DÉPARTEMENTALE DES MUTUALITÉS SCOLAIRES
DU LOIRET

LIVRET-GUIDE

pour la fondation et l'administration des

MUTUALITÉS SCOLAIRES

Régionales et Communales

PAR

J. PHILIBERT

Inspecteur primaire,
Président de la Mutualité scolaire d'Orléans,
Vice-Président de l'Union départementale
des Mutualités scolaires du Loiret.

ORLÉANS
IMPRIMERIE ORLÉANAISE
68, RUE ROYALE, 68
—
1904

SOMMAIRE

	Pages
I. — Comment on fonde une Mutualité scolaire	3
II. — Projet de conférence sur ce sujet :	
Pourquoi il faut être mutualiste	4
Qu'est-ce que la Mutualité scolaire? — Fonctionnement. — Avantages	7
Les objections	13
III. — Instructions pour l'administration des Mutualités scolaires régionales :	
Observations sur les statuts	18
Propagande (action des trésoriers de section)	18
Admission des membres participants	20
Recouvrement des cotisations hebdomadaires	22
Indemnités pour maladies	24
Contrôle des sections	26
En cas de changement d'un trésorier de section	28
Changements de résidence des membres participants	28
Versements au livret individuel de retraite	29
Matériel d'administration :	
Tableau d'ensemble	31
Types de registres et imprimés :	
1º Adhésion des membres honoraires	33
2º Admission des membres participants	34
3º Recouvrement des cotisations hebdomadaires	39
4º Indemnités pour maladie	43
5º Contrôle	43
6º Versements au fonds commun départemental	46
7º Changement de résidence des membres participants	47
8º Matériel du Secrétaire général	47
9º Matériel du Trésorier central	50
10º Assemblée générale	58
11º Renseignements utiles	60
IV. — Charges imposées par la loi aux communes	63
V. — Instructions pour l'administration des Mutualités communales	63

DÉPARTEMENTALE DES MUTUALITÉS SCOLAIRES
DU LOIRET

LIVRET-GUIDE

pour la fondation et l'administration des

MUTUALITÉS SCOLAIRES

Régionales et Communales

PAR

J. PHILIBERT

Inspecteur primaire,
Président de la Mutualité scolaire d'Orléans,
Vice-Président de l'Union départementale
des Mutualités scolaires du Loiret.

ORLÉANS
IMPRIMERIE ORLÉANAISE
68, RUE ROYALE, 68

1904

UNION DÉPARTEMENTALE
des Mutualités scolaires du Loiret

LIVRET-GUIDE

pour la fondation et l'administration des « Mutualités scolaires » régionales et communales.

I. — Comment on fonde une Mutualité scolaire.

Voici un instituteur de bonne volonté qui a mûrement réfléchi sur les principales questions que soulève l'organisation et le bon fonctionnement des Sociétés scolaires de secours mutuels; il connaît bien les principaux types de statuts, le fort et le faible de chacune des combinaisons possibles : comment doit-il s'y prendre pour fonder une Société de ce genre dans son école?

Nous devons distinguer d'abord une période de *préparation* pendant laquelle l'instituteur s'entretient de l'œuvre avec les personnes qui peuvent le seconder, patronner ses démarches : maire, délégué cantonal, philanthropes, conseillers municipaux ou pères de famille influents et d'esprit ouvert.

Quand le courant favorable commence à se dessiner, il faut passer résolument à *l'action*. L'instituteur provoque une conférence où sont convoqués tous les pères et mères de famille et où le groupe des « amis » de la future Mutualité forme un noyau solide. Si avec cela le conférencier — huit fois sur dix ce sera l'instituteur lui-même — si, dis-je, le conférencier parle avec clarté et chaleur de l'œuvre à accomplir, s'il fait un parallèle suggestif entre les sacrifices minimes demandés et l'importance relative des résultats, dès cette première rencontre, il se produira certainement d'assez nombreuses adhésions, pour lesquelles il sera utile d'avoir des imprimés tout prêts.

S'il existe autour de la commune une Mutualité cantonale ou régionale, le conférencier en fait connaître les statuts qu'il commente et dont il enlève l'acceptation. S'il s'agit de créer une Société communale — ce qui n'est guère possible que dans les grands centres, car le nombre est un élément indispensable de la vitalité des Sociétés mutuelles — on jette immédiatement les bases des statuts, on fait élire un Comité provisoire chargé de leur rédaction définitive et des démarches nécessaires à leur approbation, Comité où le personnel enseignant devra être largement représenté. Puis, sans plus attendre, le conférencier annonce la prochaine perception des cotisations, car la longue attente refroidit le zèle. Dans leurs classes, instituteurs et institutrices consacrent plusieurs leçons de morale à des entretiens sur le même sujet, pour expliquer aussi simplement que possible et le but et le mécanisme de la Société et exciter entre les futurs adhérents une saine émulation.

Dès lors, la Mutualité scolaire est fondée : *l'exactitude* et la *persévérance* des maîtres feront le reste. C'est à force d'application, en effet, qu'ils arriveront à saisir les circonstances les plus favorables pour faire de nouvelles recrues, pour soutenir ou même ranimer les volontés défaillantes, pour défendre l'institution contre les adversaires de l'École, contre l'indifférence ou contre les retards qui découragent et conduisent aux démissions.

Afin de faciliter aux maîtres l'accomplissement de leur tâche en ces circonstances, le Comité de l'*Union des Mutualités scolaires du Loiret* m'a chargé de réunir pour eux les éléments d'une conférence sur la question et de coordonner les instructions appliquées de-ci de-là pour assurer le bon fonctionnement de l'institution.

Voici d'abord la conférence.

II. — Projet de conférence sur la Mutualité scolaire (1).

POURQUOI IL FAUT ÊTRE MUTUALISTE.

Mesdames,
Messieurs,

Je ne m'attarderai pas à vous vanter les bienfaits de la *vie en société*, à vous raconter, même brièvement, l'histoire de Robinson

---

(1) *N. B.* — Ce travail ne pouvait être qu'un *projet* de conférence présentant un tableau d'ensemble des faits et des arguments à utiliser par les conférenciers : à ceux-ci reviendront le choix et la mise au point — fond et forme.

Crusoé ou du Robinson suisse. Ces agréables fictions sont certes fort intéressantes et très suggestives, mais tout à fait hors de propos ici : ce serait remonter au déluge.

Je n'insisterai pas non plus sur la *solidarité* de plus en plus étroite que crée entre tous les membres du corps social la division du travail, conséquence inévitable des progrès de la civilisation. Je n'ignore pas que de cette interdépendance résultent des obligations réciproques très certaines; mais, outre qu'il est difficile de les préciser avec l'équité nécessaire, en raison de l'extrême complexité des faits et de l'impossibilité de leur trouver une commune mesure — en raison aussi de la faible part qu'y prend souvent notre volonté, — ces obligations n'ont en somme, qu'un rapport assez lointain avec la question qui vous préoccupe et que je dois examiner à grands traits.

Dans la *Mutualité* — comme dans la coopération, qui en diffère seulement par le but poursuivi — il ne s'agit plus de ces liens puissants, je le veux bien, mais vagues aussi sur lesquels se fonde le solidarisme : la Mutualité, en effet, est l'une des formes les plus précises de l'association, mise au service de la prévoyance.

Les risques qui menacent la pauvre humanité sont tellement nombreux et divers, leurs conséquences nous atteignent avec un tel imprévu, de telles inégalités, que personne ne peut raisonnablement espérer s'en garantir d'une manière complète par ses seuls efforts, fussent-ils les plus productifs et les plus persévérants. Mais il en va tout autrement lorsque les efforts se groupent, s'associent, lorsque les chances variables se régularisent en se répartissant pour une période donnée sur un groupe nombreux; les efforts de ceux qui échappent aux risques viennent en aide à ceux qui en seraient accablés sans cette fraternelle assistance, qui réconforte au lieu d'abaisser, parce que les victimes ont conscience de l'avoir méritée par un effort personnel et par le don éventuel consenti au profit de leurs coassociés. Et la sécurité obtenue ainsi est d'autant plus grande que le groupe est plus nombreux : cela se conçoit sans peine.

LA MUTUALITÉ EST LA FORME DÉMOCRATIQUE DE L'ASSURANCE

Ainsi la mutualité n'est pas autre chose qu'une assurance où chaque sociétaire est à la fois assuré et assureur, avec cette circonstance favorable que l'assureur n'entend tirer aucun avantage pécuniaire de l'assuré et que les frais de cette garantie sont réduits au strict minimum par la gratuité des fonctions d'administration. Tout l'effort des coassurés est employé à combattre les risques qui font l'objet de l'assurance : risques de la maladie, des accidents, de la vieillesse, etc. Ce qui double la valeur de cette œuvre, c'est l'idée morale qui en est comme le ressort, car le mutualiste n'est pas seulement un prévoyant pour lui-même, simple manifestation de l'intérêt bien entendu, mais encore pour les autres, ce qui est la mise en action de la fraternité rêvée par nos pères.

SES AVANTAGES MORAUX ET SOCIAUX

Par la pratique de la mutualité, le travailleur acquiert pour ainsi dire sans effort toutes les vertus du prévoyant : l'ordre, l'empire sur soi, l'habitude de se soustraire à la tyrannie du désir ou même du besoin présent en vue d'un avantage plus grand mais lointain, l habitude aussi d'introduire le calcul, les combinaisons, dans le train-train de la vie journalière, ce qui en double aisément le prix. A la sécurité du lendemain, conséquence de l'épargne et condition d'indépendance, le mutualiste joint le souci et le sentiment de l'intérêt commun, sans parler de cette fierté légitime que fait éprouver à l'homme d'action la conscience qu'il a d'être utile à ses semblables, fierté qui est peut-être la meilleure sauvegarde contre les chutes irrémédiables.

S'il s'agissait d'examiner la question sous toutes ses faces, je pourrais faire valoir encore la supériorité — à savoir-faire égal — de l'ouvrier mutualiste sur l'ouvrier vivant au jour le jour sans souci du lendemain, incapable de s'imposer la discipline d'une contrainte volontaire. Tous les observateurs impartiaux reconnaissent cette supériorité et en donnent d'excellentes raisons : je n'insiste donc pas.

De tout ce que je viens de rappeler, j'ai le droit de conclure que le jour où la Mutualité sous toutes ses formes (1) — et la loi du 1er avril 1898 a considérablement élargi le champ ouvert à notre activité — le jour, dis-je, où la Mutualité étendra son réseau sur la

---

(1) En dehors de ces services essentiels — assurances-maladie et pensions de retraite — les Sociétés de secours mutuels peuvent encore contracter au profit de leurs membres des assurances en cas de vie (dotation, etc.), de décès ou d'accidents, leur garantir des allocations dans le cas de chômage involontaire, pourvoir aux frais de leurs funérailles, créer à leur profit des cours professionnels, des offices gratuits de placement. Mais il est évident qu'à chacun de ces risques doit correspondre une cotisation spéciale. (Loi du 1er avril 1898.)

France entière, répandant partout l'idée de responsabilité personnelle en même temps que l'idée de solidarité volontaire; ce jour-là, la solution des dangereux conflits du travail et du capital, ces deux frères aujourd'hui ennemis, aura fait un grand pas, parce que l'idée de coopération aura suivi la même marche ascendante.

Ai-je besoin d'ajouter que notre devoir à tous, pères de famille, instituteurs, etc., est de hâter de toutes nos forces la venue de ce moment où les travailleurs français — qu'ils fassent œuvre de l'esprit ou de la main — seront tous des mutualistes *pratiquants*?

Pour qu'un tel résultat, gros des plus heureuses conséquences, devienne une prompte réalité, que faut-il?..... Une chose surtout importe, c'est que l'*École nationale*, avec la ténacité de ses maîtres et leur ardente foi au progrès, s'attache avec amour à cette œuvre de libération pour les uns, de pacification pour tous. Depuis quelques années, du reste, nos instituteurs et nos institutrices, guidés par un philanthrope avisé, M. Cavé, sont entrés résolument dans cette voie, et déjà la *Mutualité scolaire* — puisqu'il faut l'appeler par son nom — peut enregistrer avec un légitime orgueil des succès sans précédent dans les annales mutualistes. Ainsi, au 31 décembre 1902, 556,000 écoliers de France, appartenant à 13,000 écoles, versaient régulièrement leurs cotisations. Dans le seul département du Loiret, nos jeunes mutualistes sont aujourd'hui 10,000, répartis entre 350 établissements universitaires.

LA MUTUALITÉ SCOLAIRE

Mais qu'est-ce donc que la *Mutualité scolaire*, comment fonctionne-t-elle et quels sont ses avantages?

Suivant leur fondateur, l'objet propre des Sociétés mutuelles scolaires, c'est « d'enseigner aux élèves que le secours donné à l'ami souffrant est le meilleur moyen de s'assurer un appui dans la détresse qui trop souvent fait cortège à la maladie »; c'est de leur « apprendre que de petites économies répétées, presque sans sacrifice, prépareront la sécurité de leurs vieux jours »; c'est, en un mot, de faire faire aux enfants l'apprentissage du devoir mutualiste en développant chez eux l'ambition légitime d'améliorer leur situation.

Ce résultat s'obtient au moyen de versements très minimes, à la portée de tous, et fréquemment renouvelés pour frapper plus fortement les esprits par cette fréquence même. La cotisation est de *10 centimes* par semaine; mais, comme dans toute Société bien organisée, à chaque risque correspond une partie déterminée du versement hebdomadaire : il y a le *sou de la prévoyance personnelle* (retraite) et le *sou de la solidarité* (indemnité en cas de maladie). Que devient chacun de ces petits sous?

LE LIVRET INDIVIDUEL DE RETRAITE

Pour le premier, la Société thésaurise jusqu'à ce que les versements aient atteint la somme de 2 francs : à ce moment, le Trésorier, presque sans formalité de la part de la famille, demande un livret de la *Caisse nationale des retraites* et y opère, au nom du sociétaire, un premier versement. Pareil versement se renouvelle chaque fois que le reliquat de l'intéressé est de 2 francs, car l'instituteur en tient une comptabilité très exacte.

Ces versements sont bien faibles, dira-t-on, et le résultat obtenu sera bien insuffisant... Tout d'abord, n'oublions pas qu'il s'agit de créer une *bonne habitude*, ce qui n'est jamais de médiocre importance; en second lieu, rien n'empêche les parents de doubler, tripler, décupler, centupler même, les versements par l'intermédiaire de la Société au besoin, et ils seraient bien avisés de le faire au moins de temps à autre; enfin, en raison de la très grande productivité des versements faits dans le jeune âge (1), la retraite assurée par une cotisation annuelle de 2 fr. 60 versée à partir de 3 ans serait de *30 fr. 96* à 55 ans, si le capital était réservé au profit des héritiers. A capital aliéné, ce qui est en définitive la combinaison la plus rationnelle, la

---

(1) En effet, des versements annuels de 1 franc faits de 3 à 20 ans à la Caisse nationale des retraites produisent à *cinquante-cinq* ans une retraite de 7 fr. 50 à capital *réservé*, tandis qu'avec les mêmes versements de 38 à 55 ans, la retraite ne serait plus que 1 fr. 21, soit à peine le *sixième* de la première (à capital aliéné, ces retraites s'élèveraient respectivement à 9 fr. 99 et 2 fr. 25). Par suite, il y a un avantage énorme à être admis de très bonne heure dans une Société de secours mutuels : ainsi se trouve justifiée, même au seul point de l'intérêt pécuniaire, la *création des Mutualités scolaires*.

Voici quelques autres renseignements très suggestifs sur la Caisse des retraites :

1° La *rente viagère* que produirait à capital aliéné un versement annuel de 1 franc effectué régulièrement jusqu'à la retraite, aux âges de *55 ans, 60 ans et 65 ans*, à partir de *trois ans* serait de 16 fr. 60, 26 fr. 05 et 43 fr. 87; à partir de *quatre ans*, ce serait 15 fr. 85, 24 fr. 90 et 41 fr. 93; pour *cinq ans*, ce serait 15 fr. 14, 23 fr. 80 et 40 fr. 14; pour *six ans*, 14 fr. 45, 22 fr. 74 et 38 fr. 36; pour *sept ans*, 13 fr. 79, 21 fr. 73 et 36 fr. 67; pour *huit ans*, on aurait 13 fr. 15, 20 fr. 75 et 35 fr. 05; pour *neuf ans*,

pension s'élèverait à 43 fr. 80. Si l'effort était continué jusqu'à 60 ans, ce serait une rente viagère de 67 fr. 73 et à 65 ans de 113 fr. 98. Dans bien des cas, ces modiques ressources seraient les bienvenues.

Au surplus, un autre élément très important vient s'ajouter à cette retraite, grâce à la bonne gestion du *sou de la Mutualité*. Avec ce dernier, dont le produit s'accroît des dons des membres honoraires, des subventions communales, la Société sert aux parents des sociétaires malades une indemnité journalière de 50 centimes pendant le premier mois et de 25 centimes pendant les deux mois suivants, soit un secours maximum de 30 francs par maladie — presque douze fois la cotisation annuelle!!... De plus, un secours extraordinaire peut être accordé pour les maladies dont la durée dépasse trois mois... Est-ce là une assurance négligeable, surtout dans les familles peu aisées?

Dans l'enfance, toutefois les maladies sont heureusement peu fréquentes et d'une durée restreinte : dans nos Sociétés elles n'ont pas jusqu'ici dépassé la moyenne des *deux jours et demi* par an et par adhérent. Il en résulte que les Mutualités scolaires font d'importantes économies sur ce chapitre — 1 fr. 50 par tête au moins.

Que deviennent ces économies?

Dans quelques Sociétés — la Mutualité départementale du Calvados, par exemple — après un léger prélèvement pour le fonds de réserve, ces reliquats sont partagés entre les membres participants et versés à leurs livrets personnels de retraite comme le sou de la prévoyance. Cette combinaison, la plus conforme peut-être à l'équité et à la doctrine économique qui considère l'effort individuel comme le facteur *principal* des progrès sociaux durables, a encore l'avantage de se prêter à une grande simplification des écritures et d'intéresser chacun

---

12 fr. 54, 19 fr. 81 et 33 fr. 49; pour *dix ans*, 11 fr. 95, 18 fr. 00 et 31 fr. 99; pour *quinze ans*, 9 fr. 32, 14 fr. 85 et 25 fr. 27; pour *vingt ans*, 7 fr. 15, 11 fr. 53 et 19 fr. 76 ; pour *trente ans*, 3 fr. 98, 6 fr. 64 et 11 fr. 06; pour *quarante ans*, 1 fr. 00, 3 fr. 44 et 6 fr. 35.

2° Un versement de 36 francs par an (10 centimes par jour), de 3 à 21 ans inclusivement, assurerait, à capital aliéné, une rente de 367 francs à 55 ans, de 564 francs à 60 ans et de 936 francs à 65 ans. A capital réservé, ces chiffres descendraient respectivement à 283 francs, 435 francs et 701 francs ; mais les héritiers toucheraient 648 francs au décès de l'intéressé.

3° Si un jeune homme plaçait 50 francs à 16 ans, 50 francs à 17 ans, 100 francs à 18 ans, 100 francs à 19 ans et 100 francs à 20 ans — soit en tout 500 francs — il se constituerait à *capital réservé* une pension de 119 fr. 89 à 55 ans, de 184 fr. 12 à 60 ans et de 305 fr. 66 à 65 ans. Avec capital aliéné, ces chiffres s'élèveraient à 163 fr. 57, 251 fr. 47 et 417 fr. 11.

à la plus stricte économie dans la gestion financière de la Société (1). Toutefois, ce système présente l'inconvénient de ne pas attacher les adhérents à leur Société par l'espoir d'un avantage futur, puisque cette Société se liquide pour ainsi dire chaque année. De plus, par un ostracisme contraire à la loi, semble-t-il, jusqu'à ce jour les *versements faits par les Mutualités* sur les livrets individuels de retraite n'ont donné lieu à aucune attribution de subvention de la part de l'Etat : de là une productivité bien moins grande des efforts faits par les intéressés (2).

LE FONDS COMMUN

Aussi la plupart des Sociétés scolaires ont-elles créé, comme les y autorisait la loi, un fonds commun de retraite alimenté avant tout par les économies réalisées sur l'assurance-maladie. A la Caisse des dépôts et consignations, ce capital inaliénable bénéficie, comme tous les placements de la Mutualité, du taux de faveur de 4 1/2 %, au lieu de 3 1/2, pour ses intérêts. Outre cette bonification d'intérêts, l'Etat accorde une première subvention fixée à 1 franc par tête, plus le quart du versement effectué par la Société : ainsi, le versement de 1 fr. 50 fait chaque année au fonds commun par la Mutualité scolaire d'Orléans s'élève en réalité à 2 fr. 87 par tête, dépassant de *cinq sous et demi* la somme versée par chaque membre participant pour se garantir contre les risques de la maladie : cette garantie précieuse ne lui coûte donc rien. A cette subvention vient encore s'ajouter une somme de quinze à vingt centimes par tête, provenant des fonds

---

(1) De plus, si cette combinaison avait prévalu, la grosse question du *point mutualiste* et celle, plus irritante encore, du *transfert* d'une Société à l'autre des sociétaires émigrants ne se poseraient même pas.

(2) Cette exclusion s'explique d'autant moins que dans les Instructions du 20 octobre 1898 sur la loi du 1ᵉʳ avril, on lit ceci :

« Avec le Livret Individuel, le sociétaire acquiert une certitude absolue de toucher une retraite, s'il atteint l'âge déterminé par les statuts. De plus, il suit nécessairement le mouvement de son Livret ; il suppute la répercussion mathématique de chaque versement sur le quantum de sa retraite, dont la formation s'opère pour ainsi dire sous ses yeux. En sorte que non seulement il fait chaque jour l'apprentissage de la prévoyance, mais encore il est vivement incité à l'épargne.

« La constitution des retraites par la voie du Livret Individuel constitue donc un réel progrès....., etc. ».

Mais, alors, pourquoi traiter ce livret en paria ?

Reconnaissons toutefois que lorsqu'il s'agit d'adhérents mariés à des non-sociétaires, le Livret Individuel soulève une difficulté assez sérieuse pour arrêter l'extension des Sociétés qui versent à ce livret les économies de l'assurance-maladie.

prescrits des Caisses d'épargne. Si l'on veut bien considérer que la capitalisation des intérêts de toutes ces petites sommes se fait au taux de 4 1/2 %, on comprendra aisément que les fonds communs prennent une extension assez rapide pour permettre aux Sociétés d'allouer à leurs vieux adhérents des pensions calculées à un taux assez élevé.

Toutefois, dans les Sociétés scolaires, on n'a pas, en général, adopté les règles trop arbitraires et pleines d'aléa qu'on trouve en usage dans la plupart des Sociétés d'adultes pour la liquidation de leurs pensions, et dont la plus précise est celle-ci :

« Le montant de la pension de retraite provenant du fonds commun est fixé, pour chacun des bénéficiaires, au prorata de ses années de sociétariat et des économies réalisées par la Société (1). »

LE SYSTÈME DE L'UNION DÉPARTEMENTALE

Dans le Loiret, la base de liquidation adoptée par l'Union départementale des Mutualités scolaires est bien plus avantageuse, parce que plus équitable pour les adhérents de la première heure. On peut lui reprocher, il est vrai, de manquer un peu de simplicité dans la pratique ; mais, par le taux des pensions, elle se rapproche tellement du barème recommandé tout récemment par le Ministère de l'Intérieur

---

(1) D'ailleurs, c'est seulement par les subventions de l'État que les versements au *fonds commun ainsi entendu* deviennent plus productifs que ceux du livret individuel à *capital aliéné*, le seul terme de comparaison équitable, puisque les cotisations sont perdues pour les intéressés dans les deux cas. Et encore cette supériorité n'est-elle notable que si les versements *restent faibles*. Ainsi 52 annuités de 2 francs produisent à cinquante-cinq ans 33 fr. 32 de pension au livret personnel et 49 fr. 80 au fonds commun avec subvention (en tenant compte des décès et démissions, soit 49 °/. en plus), tandis que 52 annuités de 20 francs produiraient 333 fr. 20 au livret individuel et 355 fr. 60 seulement au fonds commun (soit 6 3/4 °/o en plus).

Cette combinaison, où les intérêts des sommes versées sont capitalisés au profit exclusif du fonds commun, constitue donc un organisme d'ordre inférieur, particulièrement en ce qui concerne les membres fondateurs des sociétés ; c'est pour cela que les Mutualités scolaires ont eu mille fois raison de l'écarter.

Son infériorité serait plus manifeste encore si *l'arrêté du 3 septembre 1903* n'était venu améliorer la situation pour les pensions mutualistes servies par l'intermédiaire de la Caisse nationale des retraites : majoration du taux de 3 1/2 à 4 1/2 °/o. Avant cette majoration, en effet, les 52 annuités de 20 francs versées au fonds commun ne garantissaient que *276 fr. 65* de pension, soit 17 °/o en moins qu'avec le livret individuel *sans subvention*.

pour le livret de pension mutualiste que ce barème pourra lui être substitué dans nos statuts sans aucune espèce d'inconvénient (1).

LE LIVRET DE PENSION MUTUALISTE

Voici, d'ailleurs, en quoi consiste cette ingénieuse combinaison — hardie et prudente à la fois.

Sans supprimer le livret individuel de la Caisse des retraites, puisqu'elles y feront un premier versement de 1 franc, les Sociétés qui adopteront le principe du livret de pension mutualiste porteront tous leurs efforts sur la constitution du fonds commun et lui feront produire son maximum d'effet pour les sociétaires. Ce résultat s'obtiendra d'abord en versant à ce fonds, outre les économies réalisées sur l'assurance-maladie, le sou de la prévoyance personnelle versé jusqu'ici au livret individuel, ce qui a aussitôt pour conséquence de porter la subvention de l'État à 2 francs et plus par tête. D'autre part — et ceci est tout à fait capital — on appliquera aux retraites, services uniquement sur le fonds commun, « les règles et les tarifs dressés en 1883 par la Caisse nationale des retraites pour les versements à *capital réservé* au taux de 4 1/2 p. 100 ».

Dans ce système, les pensions absorberont, *non le revenu* des intérêts capitalisés jusqu'à la liquidation, mais l'*amortissement* de ces mêmes intérêts ; ainsi le seul sacrifice demandé aux sociétaires consiste dans l'aliénation au profit de la Société du capital *seul* des versements effectués au fonds commun. Ce sacrifice, du reste, est très largement compensé par la bonification d'intérêts garantie à la Caisse des dépôts et consignations, puisque pour 52 annuités de 4 francs, la pension s'élèverait au chiffre de 125 fr. 50 sans aléa à l'âge de 55 ans. Avec des versements jusqu'à 60 ans, la pension dépasserait sensiblement *200 francs*. N'est-ce pas un beau placement, surtout si l'on

---

(1) Il suffirait de remplacer l'article 17 des statuts de l'Union par une disposition analogue à la suivante :

Le droit à la pension sera acquis après quinze années de sociétariat.

Les pensions de retraite servies à l'aide du fonds commun seront proportionnelles aux annuités versées par les Mutualités augmentées des subventions correspondantes de toute nature accordées par l'État dans les années de sociétariat *actif* des intéressés et en tenant compte de l'âge de ces derniers au moment de chaque versement.

Le montant en sera fixé en appliquant à ces versements le tarif de la Caisse nationale des retraites de 1883 à capital réservé et au taux de 4 1/2 °/₀.

Le service de ces pensions sera fait par l'intermédiaire de la Caisse nationale des retraites tant que l'arrêté du 3 septembre 1903 restera en vigueur.

veut bien se souvenir que l'ensemble des sommes versées pour cet objet s'élèvera à 228 francs?

Cette combinaison n'a pas seulement le mérite de procurer aux fondateurs tous les avantages auxquels ils ont droit, puisqu'ils viendraient en aide à leurs successeurs sans rien sacrifier de leurs propres intérêts, l'État faisant tous les frais des avances; elle aurait encore celui d'établir une base égale pour tous dans le calcul des pensions et d'atténuer considérablement les dangers de l'accroissement des biens de mainmorte formés par le fonds commun.

De même que le livret individuel, le livret mutualiste porte l'indication des sommes versées pour chaque sociétaire (annuité et subvention) et la quotité de pension que ces sommes lui assurent : il est ainsi tenu exactement au courant des résultats acquis et peut suivre année par année l'évolution de sa retraite, ce qui sera un stimulant utile pour l'engager à persévérer.

Ce nouveau système est donc le plus avantageux, et de beaucoup. Aussi, malgré la complication d'écritures qu'il *paraît* réserver aux administrateurs des Sociétés, il est à présumer que, de plus en plus, il aura les préférences des mutualistes, surtout si les Unions se propagent.

LES OBJECTIONS

Ces principes posés, examinons rapidement les principales objections qu'on oppose à cette institution démocratique.

Nous admettons vos calculs comme vrai, dit-on d'abord, et tenons pour considérables les avantages assurés à leurs adhérents par les Sociétés scolaires de secours mutuels. Mais ces avantages sont dus pour une bonne part au taux de faveur dont jouissent les placements faits à la Caisse des dépôts et consignations. Qu'adviendra-t-il de vos associations si cette garantie d'intérêts leur fait un jour défaut? L'objection est sérieuse; mais je ne crois pas qu'à moins d'un désastre national, un gouvernement républicain consente jamais à supprimer tout à fait les encouragements accordés jusqu'ici à cette œuvre de paix sociale (1). Et si, par malheur, un désastre de ce genre nous atteignait, le taux normal de l'intérêt éprouverait une hausse au moins

---

(1) « Les Chambres, faisant œuvre de solidarité sociale et résolues à encourager sérieusement l'épargne en la rendant productive, ont décidé que le taux de faveur de 4 1/2 % serait garanti à tous les capitaux des Sociétés *approuvées* versés à la Caisse

momentanée qui couvrirait facilement les pertes résultant de la suppression de la garantie d'intérêts.

On prétexte encore que les pensions calculées d'après le livret mutualiste seront à un taux trop élevé pour que les Sociétés puissent faire face à leurs engagements. Je reconnais que, pour un sociétaire ayant versé 52 cotisations de 3 à 55 ans, le service de la pension immobilisera un capital sensiblement supérieur à celui que ses propres versements auront constitué avec leurs intérêts capitalisés, puisque ce dernier produira un revenu de 9 fr. 88 %. Mais, en tenant compte des décès d'après les tables de mortalité et des démissions possibles, ce taux sera abaissé à environ 6 fr. 50 %. De plus, lorsqu'elles commenceront à servir des pensions, les Sociétés scolaires auront accompli les trois quarts au moins de leur période d'évolution normale : il leur sera donc facile de prélever sur leurs ressources ordinaires les 2 % nécessaires pour parfaire les retraites de leurs fondateurs. Cette faible contribution prolongera, il est vrai, la période d'évolution normale des Mutualités, mais ne mettra certainement pas leur solvabilité en péril, et elles continueront à grossir leur fonds commun. Du reste, si la Caisse nationale de retraites avait élaboré ce tarif, c'est qu'elle pouvait y faire face *tout en remboursant le capital* : pourquoi en serait-il autrement des Sociétés qui, elles, n'auront pas à faire ce remboursement? L'objection n'est donc pas fondée.

On a critiqué aussi la base choisie pour le calcul des indemnités en cas de maladie : pourquoi ne pas mettre à la charge de la Mutualité, comme dans les Sociétés d'adultes, les frais médicaux et pharmaceutiques? Si nous ne le faisons pas, c'est parce que de tous les systèmes possibles, celui-ci est le plus défectueux ; il entraîne nécessairement au gaspillage et à l'injustice : au gaspillage, parce que visites et ordonnances se multiplient parfois sans raison ; à l'injustice, parce qu'il n'y a plus alors aucune commune mesure entre les avantages assurés aux malades, et que les sociétaires consciencieux — ceux qui ménagent les ressources de la Société — deviennent dupes de leur probité, ce qui est toujours fâcheux, même pour les intérêts matériels des Sociétés. Cela est si vrai que, dans nombre d'associations d'adultes,

---

d. dépôts et consignations, soit en compte courant, soit au compte du fonds commun..
..... Cet engagement, qui entraîne pour la collectivité des sacrifices justifiés par le devoir de la solidarité, contribuera grandement à la multiplication des associations de prévoyance ». (Instructions ministérielles du 20 octobre 1898.)

il ne serait pas possible de faire face aux dépenses de maladie sans les cotisations des membres honoraires.

Avec l'indemnité journalière, il en est tout autrement : les fraudes sont beaucoup moins fréquentes, et après quelques années d'expériences, de tâtonnements, les Sociétés peuvent fixer pour l'assurance-maladie un taux équitable leur permettant de tenir tous leurs engagements. Il y a plus : si les associations d'adultes veulent réellement prospérer et sortir, pour leurs budgets, de l'état d'équilibre instable, elles devront abandonner le défectueux système du remboursement des frais de médecin et de pharmacien. Si certains membres ont, de ce chef, des charges trop lourdes, que la Mutualité leur accorde un secours extraordinaire, rien de mieux. Mais la prudence et l'équité lui conseillent de ne pas aller au delà.

On dit enfin que le chiffre fixé pour la cotisation exclut à la fois et les enfants des familles aisées et ceux des familles indigentes : les premiers, parce que le bénéfice de l'institution est trop faible pour exercer sur eux un attrait suffisant; les autres, parce qu'il leur sera impossible le plus souvent de verser avec régularité même la petite cotisation hebdomadaire de 10 centimes.

Aux familles aisées, je répondrai que la Mutualité scolaire est avant tout une œuvre d'éducation sociale, et que l'acquisition de cette bonne habitude, qu'on pourrait appeler le sens de la prévoyance altruiste, justifie bien le léger sacrifice demandé à leur amour-propre. Et puis ne doivent-elles pas le bon exemple aux familles moins bien partagées par le sort ?... Au surplus, si elles peuvent aisément se passer des avantages pécuniaires immédiats de l'œuvre, qui les empêche d'abandonner leur droit aux secours, soit à la caisse commune, soit au fonds de réserve destiné à secourir les misères les plus dignes d'intérêt, et de faire ainsi d'une bonne affaire, une bonne action ?.... C'est, du reste, ce que plusieurs font déjà, je me hâte de le dire.

Quant aux familles nécessiteuses, je crois qu'un bien petit nombre seulement seraient incapables de s'imposer le prélèvement de 10 centimes par semaine. Mais c'est ici surtout que devraient intervenir et les communes et les vrais philanthropes. Pourquoi les municipalités ne voteraient-elles pas une somme suffisante pour assurer, sinon en totalité, du moins en partie, le versement des cotisations des élèves indigents ? Elles faciliteraient, par ce moyen, la tâche éducatrice de l'école et prépareraient pour l'avenir l'allégement du gros budget de l'Assistance publique. Plusieurs communes sont déjà entrées dans cette voie féconde ; de plus, certains instituteurs ont eu l'heureuse idée de « convertir le crédit en bons points centimes, et, à la fin de la semaine, l'enfant studieux se trouve partiellement ou totalement libéré de ses obligations envers la Mutualité..... L'enfant est ainsi encouragé au travail ; il grandit à ses propres yeux et prend conscience de sa responsabilité ». Le procédé me parait si excellent que je recommanderai aux familles aisées d'imiter cet exemple pour exciter l'émulation de leurs enfants (1).

Et si les communes manquaient à ce devoir de solidarité, c'est aux philanthropes que nous nous adresserions pour aider les enfants à sortir de la classe toujours trop nombreuse des assistés. Les statuts de nos Sociétés scolaires prévoient, du reste, ce concours bienfaisant (membres donateurs, etc.) : les instituteurs lui feront produire son maximum d'effet en propageant l'ingénieuse combinaison que je viens de signaler.

Dans les villes, on nous fait une dernière objection : si les adhérents, dit-on, viennent à émigrer dans une autre région, perdront-ils les droits acquis par leurs versements antérieurs ?... En aucune façon. La plupart des Sociétés scolaires de secours mutuels du Loiret ont constitué une *Union départementale* pour le service des pensions de retraite, de sorte qu'un Orléanais peut aller à Meung, à Montargis, à Malesherbes, à Outarville, voire à Bonny-sur-Loire, sans perdre un seul de ses droits acquis, puisque partout il continuera à faire partie de l'Union départementale. S'il quitte le département, avec une cotisation réduite de 4 francs, il n'a plus droit aux indemnités pour maladie, mais on continue à verser pour lui sur son livret individuel et au fonds commun : du moins, en est-il ainsi dans la Mutualité scolaire d'Orléans et dans toutes les Sociétés qui ont adopté ses statuts.

Pères et mères de famille, j'en ai fini avec l'examen des objections soulevées de divers côtés contre les Sociétés scolaires de secours mutuels et de retraite. J'espère vous avoir convaincus que le plus grave défaut de cette nouveauté, c'est de déranger nos habitudes, de

(1) Les pupilles de l'Assistance publique du Loiret font partie de la Mutualité scolaire d'Orléans au taux réduit de 4 francs : c'est le Département qui a pris le paiement des cotisations à sa charge.

troubler la douce quiétude où se complait dame Routine, de nous obliger à réfléchir et à nous interroger sur l'avenir de nos chers enfants. Mais de cela, mes amis, je ne l'en excuserai même pas.

Voici ma conclusion :

Si je n'ai pas été trop au-dessous de ma tâche, vous devez être maintenant persuadés que la Mutualité n'est pas seulement la forme démocratique de l'assurance contre les risques les plus fréquents de l'existence, mais encore qu'elle seule réalisera pratiquement le troisième terme de la devise républicaine, la *fraternité*. S'il en est ainsi, vous voudrez que, dans l'éducation de vos enfants, le *sens de la solidarité* ait enfin sa part légitime de soins et d'efforts. Vous vous associerez à leurs maîtres pour transformer cette école en une pépinière de mutualistes fervents.

Vous le ferez dans l'intérêt de vos enfants, parce qu'aucun de vous ne veut encourir les reproches vengeurs dont l'histoire flétrit ce mauvais roi qui scandalisa même ses contemporains par l'odieuse maxime : « Après nous, le déluge ! »

Au surplus, en inscrivant dès aujourd'hui vos enfants dans la Mutualité scolaire en formation, vous n'êtes pas seulement assurés de voir votre nom béni dans l'avenir pour cet acte de prévoyance, vous aurez de plus bien mérité de la France républicaine, car elle sera d'autant plus prospère et plus puissante pour les œuvres de paix et de progrès que plus de Français auront conquis par leur coopération volontaire la sécurité du lendemain !

L'Inspecteur primaire d'Orléans,
vice-président de l'Union départementale
des Mutualités scolaires du Loiret,
J. PHILBERT.

III. — Instructions générales
pour l'administration des Sociétés scolaires de secours mutuels d'après les deux principaux types adoptés dans le Loiret.

I. — MUTUALITÉS RÉGIONALES
(pour un canton ou une circonscription).

Observation préliminaire sur les Statuts.

Avant de lire ces instructions, les maîtres voudront bien se reporter aux numéros du Bulletin départemental dans lesquels ont été publiés les statuts de la Mutualité scolaire d'Orléans et ceux de l'Union départementale des Mutualités du Loiret : les statuts posent les principes et les instructions, règlent les détails d'administration.

A. — Propagande *(action des Trésoriers de section).*

Propagande générale. — Dans les Mutualités communales, les assemblées générales annuelles sont d'excellents moyens de propagande. Malheureusement, jusqu'à ce jour rien de semblable n'a été imaginé pour les sections rurales des Sociétés régionales. C'est une lacune à combler..... Pourquoi l'instituteur et l'institutrice de chaque commune ne s'entendraient-ils pas pour organiser une petite assemblée générale avant la grande, — réunion à laquelle pourrait assister de temps à autre un membre du Conseil d'administration ?... Il y aurait là, semble-t-il, un moyen efficace d'agiter périodiquement l'opinion publique pour le plus grand profit de l'idée mutualiste.

Dans les communes rurales, et en ville dans chaque quartier possédant un groupe d'écoles, il y aurait intérêt *le plus souvent* à fonder une sorte de Comité de patronage officieux, composé de quatre ou cinq personnes dévouées à l'œuvre, qui aideraient les maîtres à recruter de nouveaux membres participants, surtout parmi les familles pauvres, et à conserver les adhérents arrivés à l'âge de l'adolescence : démarches auprès des patrons, etc. (1).

---

(1) A Orléans, on étudie la question d'une affiche qui résumerait les principaux droits des sociétaires et leurs obligations envers la Société : un tel document serait précieux pour la propagande générale, sans compter qu'il faciliterait la tâche des Trésoriers de section.

Propagande individuelle. — Les instituteurs et institutrices doivent profiter de toute admission nouvelle à l'école pour faire en faveur de la Mutualité une propagande très active : distribution de feuilles d'adhésion avec entretien sur les multiples avantages de cette institution, indication de quelques enfants qui déjà en font partie, communication des statuts, de documents plus détaillés sur ce sujet, etc. Ne jamais se tenir pour battu après une première tentative restée infructueuse ; saisir, au contraire, toutes les occasions favorables de revenir à la charge : maladies des élèves, visites aux familles, succès relatifs obtenus par les enfants intéressés, etc.

Conservation des adhérents. — Un point très important aussi, c'est la nécessité de réduire au minimum les désertions des membres inscrits, de soutenir les volontés défaillantes, de défendre l'institution contre les adversaires de l'Ecole, contre l'indifférence ou contre les *retards* qui découragent et conduisent aux démissions (1).

Mais c'est surtout après la sortie définitive de l'école qu'il importe de ne pas abandonner complètement à eux-mêmes les adhérents à la Mutualité scolaire, d'obtenir — par un moyen ou par un autre — qu'ils persévèrent, qu'ils s'imposent la discipline salutaire de prélèvements réguliers sur leurs petites ressources : à cet égard, les patronages scolaires rendent les plus grands services. A défaut de patronages, pourquoi, à intervalles réguliers, les trésoriers de section n'adresseraient-ils pas à leurs anciens élèves mutualistes une note leur rappelant amicalement leurs obligations envers la Société ? N'oublions pas qu'il est encore plus méritoire de conserver les adolescents parmi nos adhérents que de faire de nouvelles recrues parmi les tout jeunes enfants.

---

(1) Qu'on nous permette d'insister sur ce dernier point. Tous les instituteurs sont d'accord pour reconnaître que, dans les milieux ouvriers, la période la plus critique pour la conservation des adhérents d'âge scolaire, c'est celle des *vacances* : dans les familles nombreuses, quand il y a huit ou neuf cotisations par enfant à verser à la rentrée, le sacrifice paraît dur — et il l'est souvent ; d'un lundi à l'autre, on ajourne le versement, la situation s'aggrave et aboutit fréquemment à des démissions. Divers moyens ont été proposés pour obvier à cet inconvénient, mais sans grand succès. En voici un qui donne de bons résultats ailleurs et que je recommande tout particulièrement à nos dévoués trésoriers de section :

Le premier lundi de chaque mois, de novembre à juillet inclusivement, les sociétaires versent double cotisation, et, à la réouverture des classes, tous ont leurs versements à jour, — ce qui évite bien des hésitations, bien des velléités même de désertion, — point essentiel.

Le Conseil d'administration compte beaucoup aussi sur les instituteurs pour recruter des *membres honoraires* (1) et pour obtenir le vote de subventions municipales.

B. — Admission des membres participants, etc.

Section scolaire. — Les enfants sont admis dans la Mutualité scolaire à partir de l'âge de trois ans. Dans les localités dépourvues d'école maternelle, ils seront inscrits à l'école publique dans laquelle les parents s'engagent à les faire entrer plus tard.

Le Trésorier de section. — Pour chaque demande, une *feuille d'adhésion* (imprimé n° 3) est remplie et signée par le père ou le tuteur.

A la fin de chaque mois, après avoir vérifié si tous les renseignements demandés y figurent, le Trésorier de section envoie les bulletins d'adhésion au Secrétaire général. Il les accompagne d'un *bordereau de transmission* (imprimé n° 4) reproduisant tous les renseignements nécessaires pour l'inscription des adhérents : nom, prénoms, date et lieu de naissance, date de l'admission en stage (qui partira toujours du 1er du mois). Ce bordereau, complété par l'indication des numéros matricules attribués aux adhérents, sera renvoyé au Trésorier de section, qui doit le conserver soigneusement, puisque l'ensemble des bordereaux relatifs à l'école, réunis en cahier, formera le *registre matricule* de la section.

Pendant la durée du stage, les Trésoriers de section notent attentivement tous les indices propres à renseigner le Conseil d'administration sur l'état de santé de chaque candidat en stage. *A la fin du stage*, dès que la dernière cotisation du troisième mois est versée, ces renseignements sont transmis au Secrétaire général chargé de préparer le dossier des admissions définitives, ainsi que les *livrets de sociétaire* (imprimés n°s 5 et 6), exactement garnis sur les pages 1 et 2 de la couverture (2).

---

(1) Les Mutualités scolaires — l'expérience le montre — peuvent se suffire par leurs ressources propres; mais elles n'acquerront toute la prospérité désirable qu'avec le concours des municipalités et de nombreux membres honoraires. Voir plus loin des spécimens d'imprimés pour cette propagande (n°s 1 et 2).

(2) Le *compte de stage* sera reporté sur la première page du livret après l'admission définitive (imprimé n° 6).

Le Secrétaire général. — Le Secrétaire général dresse les listes de présentation à soumettre au Conseil pour *l'admission définitive* des adhérents. Il y joint tous les renseignements qu'il a reçus des Trésoriers de section et de nature à éclairer le Conseil sur l'opportunité d'un ajournement pour complément d'enquête, etc.

Toute maladie survenue pendant le stage doit être signalée au Secrétaire général, bien qu'elle ne donne lieu à aucune indemnité. La non-déclaration pourrait être une cause de radiation, même après l'admission définitive.

Pour les candidats admis définitivement, le Secrétaire général les inscrit sur son registre matricule, complète leurs livrets de sociétaire et soumet à la signature du Président le certificat d'admission définitive qui termine la seconde page de la couverture. Ces formalités remplies, les livrets sont retournés aux Trésoriers de section pour être remis aux Sociétaires.

Le Secrétaire notifie également aux familles, par l'intermédiaire des Trésoriers de section, les ajournements ou les refus d'admission prononcés par le Conseil.

Section des adultes. — Tout Sociétaire de la Section scolaire qui demandera à passer dans la Section des adultes devra joindre à sa demande le certificat de médecin exigé par les statuts : il *pourra* toutefois en être dispensé, sur la proposition du Trésorier de section, s'il n'a pas été malade depuis un an au moins. A l'expiration des trois mois de stage, son livret devra être transmis au Secrétaire général pour inscription du nouveau numéro matricule.

L'admission dans la section des adultes sera instruite et prononcée dans les mêmes formes que celle des membres de la section scolaire. Comme élément d'appréciation utile, le Conseil d'administration se fera représenter le tableau des indemnités pour maladies obtenues par les candidats dans la section scolaire.

Tout sociétaire âgé de 18 ans révolus qui n'aura pas demandé son admission dans la section des adultes sera classé à la fin de l'exercice en cours parmi les membres de la section scolaire, dont la cotisation est réduite à 4 francs (sans droit à une indemnité pour maladie).

Membres honoraires. — Le Secrétaire général tient un *registre des membres honoraires*, établi à la main et indiquant pour chacun d'eux ses nom, prénoms, qualité et résidence, la date de son adhésion, le montant de la cotisation souscrite, ses changements de résidence ; plus une colonne d'observations où sera indiquée notamment l'affectation spéciale donnée par le souscripteur à sa cotisation.

C. — Recouvrement des cotisations des membres participants.

1º PENDANT LA SCOLARITÉ

Les Trésoriers de section. — Le recouvrement des cotisations des membres participants se fait, à une heure indiquée d'avance, le lundi de chaque semaine ou le lendemain si le lundi est un jour de congé.

En principe, il est préférable que les cotisations soient payées hebdomadairement (1) ; toutefois les sociétaires peuvent s'acquitter par anticipation de leurs cotisations, soit pour un trimestre complet ou un semestre, soit même pour l'année entière.

Les Trésoriers de section doivent veiller à ce que les versements aient lieu aussi régulièrement que possible. Au début du moins, il serait prudent de rappeler chaque samedi aux intéressés leurs obligations sur ce point.

Pour éviter les difficultés qu'ils éprouvent souvent à faire rentrer les cotisations dues à la réouverture des classes, les instituteurs devraient demander une cotisation supplémentaire de 0 fr. 10 le premier lundi de chacun des mois de novembre à juillet inclus : de la sorte, les cotisations des vacances, même celles du lundi de Pâques, se trouveraient payées sans effort ni récriminations de la part des familles.

Constatation des versements. — Chaque versement est consigné par l'instituteur, à la fois sur le livret du sociétaire et sur le registre de contrôle de la classe (imprimé nº 7). Ce dernier doit être tenu et

---

(1) Les versements par anticipation facilitent beaucoup le travail des maîtres. « Mais si on se place au point de vue purement éducatif, il est bien évident que faire penser aux enfants une ou deux fois par an au devoir social de solidarité et au devoir de prévoyance n'est pas suffisant pour créer une habitude, d'autant plus que là l'effort n'est pas personnel à l'enfant... Il est donc préférable que les cotisations soient payées chaque semaine, pour que chaque lundi l'enfant soit obligé de penser lui-même à ses obligations. Lorsque pendant six, sept, huit ans de scolarité il aura répété cet acte plus de quarante fois par an, il y a bien des chances pour qu'il continue à agir de la sorte et à grossir son petit pécule, d'autant plus que ce sera son œuvre personnelle. » (Mutualité scolaire de Montargis.)

conservé avec le plus grand soin ; il fait partie des archives de l'école.

Pour noter les versements de *10 centimes* sur les livrets, quelques trésoriers de section se servent d'un cachet spécial [M. S. U. Saran] (Mutualité scolaire d'Orléans, section de Saran). Pour les versements supérieurs à la cotisation statutaire, ils en écrivent le chiffre dans la case correspondante et apposent ensuite le cachet : ils trouvent ce procédé plus expéditif, sans compter que le versement est ainsi constaté d'une manière plus authentique aux yeux des familles. Au registre de contrôle, les versements sont notés en chiffres seulement (1).

Les versements anticipés sont consignés par un seul nombre *dans la case correspondant à la date où ils sont faits;* dans les autres cases de la période d'anticipation, on trace simplement une croix.

A la fin de chaque mois, ou tout au moins de chaque trimestre, les sommes versées sont réparties par le Trésorier de section dans les trois colonnes de droite du livret (secours mutuels, livrets de retraite, versements supplémentaires), et à la fin de l'année elles seront totalisées.

En principe, il serait bon que les livrets fussent entre les mains des sociétaires, sauf au moment du contrôle ; toutefois, ils pourront rester en dépôt à l'école, l'instituteur se contentant de les remettre aux intéressés chaque lundi.

Les versements supplémentaires pour le livret personnel de retraite seront constatés à leur date et dans les colonnes qui leur sont affectées sur le livret de sociétaire et sur le registre de contrôle de la classe.

Retards. — Si un membre participant a cessé de payer ses cotisations depuis plus de *quinze jours*, le Trésorier de section devra inter-

---

(1) « Le maître passe dans les tables, prend les 10 centimes, appose le cachet sur le livret du sociétaire ouvert d'avance par l'élève et passe à un autre. En dix minutes, le travail est terminé pour une classe de 25 à 30 mutualistes. Ou bien il se place à son bureau, devant lequel passent les enfants, ayant la cotisation d'une main et le livret de l'autre. C'est une question de discipline et d'habitude. *Immédiatement après,* les paiements effectués sont reportés au registre de contrôle.

« L'important, c'est que le paiement de chaque cotisation soit noté sous les yeux de l'enfant, qui emporte dans sa famille son livret de sociétaire. Les parents peuvent ainsi s'assurer chaque semaine que le versement a été effectué ; ils s'intéressent davantage à l'œuvre. C'est aussi le moyen d'éviter toute contestation. » (Mutualité scolaire de Montargis.)

venir auprès de la famille et lui exposer les conséquences de cette cessation (imprimé n° 8). Si cette démarche, renouvelée au besoin, reste infructueuse, le directeur de l'école informe le Trésorier central dès qu'il y a cinq cotisations en retard et lui fournit tous les renseignements propres à éclairer le Conseil sur la décision à prendre. (Avertissement du Trésorier central ou du Président, mise en congé, etc.)

Versements au Trésorier central. — Du *premier au troisième jeudi* de chaque trimestre, *dernier délai*, les Trésoriers de section adressent au Trésorier central le montant des sommes encaissées dans le trimestre précédent, avec un bordereau d'envoi détaillé (imprimé n° 9). Les versements des adhérents de la section des *adultes* seront portés sur une liste spéciale. La quittance à détacher du bordereau trimestriel (voir imprimé...) devra être garnie d'avance par le Trésorier de section ; toutefois, le quantième du mois ne sera pas indiqué (1).

N. B. — Les bordereaux des trois derniers trimestres de chaque année civile devront reproduire l'ordre adopté dans le premier trimestre pour l'inscription des sociétaires.

2° PENDANT L'ADOLESCENCE *(après la sortie de l'école).*

Les cotisations des sociétaires définitivement sortis de classe seront versées d'avance, par trimestre au moins, soit au Trésorier de section de leur ancienne école, soit au Trésorier central. Les sociétaires qui adopteront ce dernier mode de versement devront en aviser le Trésorier de section. A intervalles réguliers, il leur sera adressé un avertissement leur rappelant leurs obligations statutaires.

D. — Indemnités pour maladies.

Les Sociétaires. — S'ils comptent faire valoir leurs droits à une indemnité ou à un secours, les sociétaires qui tombent malades doivent, dès le quatrième jour, prévenir le Trésorier de section et lui

---

(1) Quelle que soit la somme versée par anticipation pour l'exercice en cours, elle doit être intégralement transmise au Trésorier central avec les cotisations du trimestre dans lequel le versement a été fait ; le total de fin d'année réglera la situation financière du sociétaire intéressé.

demander une feuille de maladie (imprimé n° 10). Dès qu'ils entrent en convalescence, ils envoient au Trésorier de section la feuille de maladie garnie et signée par le médecin, dans sa dernière visite au malade, autant que possible.

Si le certificat de maladie doit être établi par deux membres actifs (maladie de moins de neuf jours), ces derniers, avant de le signer, devront s'entourer de tous les renseignements propres à justifier leur attestation.

Le Trésorier de section. — Le Trésorier de section date et signe la feuille de maladie au moment où elle est délivrée — et *il ne la délivre que si le sociétaire a acquitté, avant sa maladie, toutes les cotisations échues*. — A son retour, il la complète par les indications demandées en tête et l'envoie le plus promptement possible au Secrétaire général, en y joignant une *note confidentielle* contenant tous les renseignements qu'il aura pu recueillir pour éclairer le Conseil d'administration dans l'examen de la demande d'indemnité (par exemple : la situation de la famille et le nombre d'enfants qu'elle compte dans la Mutualité, la perte de temps que les parents ont eu à subir du fait de la maladie, le nombre de jours d'indemnité qu'il conviendrait d'attribuer, défalcation faite de la convalescence, etc.).

Si le sociétaire ne fréquente plus l'école, il doit produire un certificat de la personne chez qui il travaille et indiquant la durée de son absence de l'atelier ou du bureau.

Toute maladie qui survient pendant le stage ne donne droit à aucune indemnité.

Les enfants soignés à l'hospice ont des titres à un secours équivalent à l'indemnité due aux autres adhérents.

Epidémies. — En se basant sur des données officielles, le Conseil d'administration de la Mutualité d'Orléans, par exemple, a fixé un minimum de jours admissibles pour le calcul de l'indemnité due en cas d'épidémie sans complication. Les trésoriers de section devront porter ce fait à la connaissance des intéressés en leur remettant les feuilles de maladie; en outre, les complications, le cas échéant, seront signalées dans la note confidentielle dont il a été question ci-dessus.

Le Secrétaire général. — Le Secrétaire général instruit les demandes d'indemnité, au besoin en sollicitant des renseignements complémentaires de la part des instituteurs. Il dresse la liste des demandes en rappelant, dans deux colonnes spéciales, la durée de la maladie d'après les déclarations du médecin et celles des absences de l'école ou de l'atelier; il porte les propositions du Bureau dans une troisième colonne; dans la quatrième devra figurer le nombre de jours acceptés par le Conseil d'administration. Après avoir reporté ce dernier chiffre sur les feuilles de maladie, il les envoie au Trésorier central.

Le Trésorier central. — Ce dernier établit les *mandats* des sommes à payer aux intéressés, d'après le nombre de jours arrêtés et le tarif statutaire d'indemnité. Après avoir fait signer les mandats par le Président, il les adresse, avec les feuilles de maladie correspondantes, aux trésoriers de section.

Le Trésorier de section. — Ces mandats sont payés, autant que possible, par le Trésorier de section, qui les joint acquittés et épinglés avec les feuilles de maladies correspondantes, comme pièces comptables, au plus prochain bulletin trimestriel d'envoi des cotisations.

E. — Contrôle de la gestion dans les Sections.

L'une des conditions essentielles de la prospérité des Mutualités régionales réside dans l'organisation d'un contrôle annuel de la gestion des sections; la base de cette opération est évidemment le livret vu par les familles.

Préparation du contrôle. — Dans le premier trimestre de chaque année, le *Conseil d'administration* désigne les délégués chargés du contrôle de l'exercice écoulé et met à leur disposition le nombre de cachets indispensables à une prompte vérification.

Avant le 1er février, les *Trésoriers de section* adressent au Trésorier central un bordereau récapitulatif des fonds perçus par eux (imprimé n° 11) pour l'exercice clos au 31 décembre précédent; ils garnissent très exactement les colonnes 1 à 9.

Le Trésorier central, à l'aide de ses propres registres, vérifie les colonnes 4 et 5 et garnit les colonnes 10 à 13. A l'aide des renseignements que lhi fournit le Secrétaire général, il vérifie la colonne 6 (1). A la suite du certificat de vérification, il note le versement fait par la Société et les subventions accordées au fonds commun de retraite, puis il renvoie au Trésorier de section ce bordereau récapitulatif, pièce capitale du contrôle et servant de décharge aux trésoriers de section.

Dès que ces bordereaux ont été retournés aux sections, les instituteurs font, sur les livrets des sociétaires, les reports nécessaires, soit au bas des pages, soit sur la feuille dite de l'Union (imprimé n° 12) et relative au fonds commun de retraite.

Rôle du Contrôleur. — Au jour fixé entre lui et le Trésorier dont il doit vérifier les écritures, le Contrôleur se rend à l'école qui lui a été assignée par le Conseil d'administration. Il se fait présenter :

a) Le registre de perception ou de contrôle de l'exercice à vérifier;
b) Le bordereau récapitulatif visé et complété par le Trésorier central;
c) Les livrets des sociétaires, rangés dans l'ordre du bordereau et ouverts à la page relative à l'exercice en vérification.

Le Trésorier de section se tient à la disposition du Contrôleur pour tous renseignements complémentaires. L'apurement se fait comme il suit :

1° Le Contrôleur compare entre eux les totaux de l'année portés à la fois au registre de contrôle, au bordereau (colonnes 4 et 5, 12 et 13) et aux livrets des sociétaires et doit constater leur parfaite concordance;

2° Il s'assure que les chiffres inscrits dans la colonne 10 du bordereau récapitulatif sont exactement reportés *en toutes lettres* au bas de la page correspondante de chaque livret. Puis il appose le cachet de contrôle;

3° Tout adhérent comptant six mois de sociétariat au 31 décembre ayant droit à l'*annuité* individuelle versée par la Société au fonds com-

---

(1) A la clôture de chaque exercice, le Secrétaire général dresse la liste des sociétaires secourus dans l'année pour maladie, en indiquant le montant des indemnités ou secours reçus par chacun d'eux. Les sociétaires seront rangés par écoles et par numéros matricules dans chaque école. Ce document permettra au Trésorier central de contrôler les renseignements correspondants portés au *bordereau récapitulatif*.

mun de retraite, le contrôleur doit vérifier si l'inscription de cette annuité a été faite dans la case *ad hoc* de l'imprimé spécial annexé au livret de sociétaire. Puis il signe et appose son cachet ;

4° Le Contrôleur signe également le bordereau et y appose le cachet ;

5° Enfin, dans un rapport succinct, il signale au Trésorier central toute observation utile, notamment les noms et numéros matricules des sociétaires dont les livrets n'ont pu être visés par suite de départ de l'école, perte desdits livrets, etc.

Dans la séance qui suit la clôture des opérations d'apurement, le Trésorier central présente le résumé de ces rapports au Conseil d'administration.

E bis. — En cas de changement d'un Instituteur trésorier de section.

Lorsqu'un instituteur dirigeant une école où fonctionne la Mutualité vient à être changé, il adresse au Président de la Société un récolement spécial des archives de la Mutualité qu'il laisse à son successeur : Nombre de livrets de sociétaires en dépôt, registre d'inscription (nombre de feuilles, etc., etc.). Au bas de ce procès-verbal de récolement, il indique en toutes lettres le montant des cotisations hebdomadaires déjà perçues pour le trimestre.

Ce récolement est adressé au successeur, qui le vérifie et le renvoie après en avoir attesté l'exactitude.

F. — Changement de résidence des membres participants.

Lorsqu'un membre participant change de résidence, le Trésorier de section lui remet son livret, puis il en avise le Président et lui donne tous les renseignements nécessaires pour suivre utilement l'émigrant (imprimé n° 13).

Lorsque l'émigrant passe simplement d'une école dans une autre de la circonscription, rien n'est changé pour lui par rapport au Trésorier central, qui, après avoir opéré la mutation sur ses registres, communique l'avis de changement au Trésorier de section qui aura désormais l'émigrant dans son service.

Tout membre participant qui cesse d'habiter dans la circonscription conserve ses droits aux indemnités pour maladies, s'il existe dans sa nouvelle résidence une Mutualité scolaire qui consente à l'admettre comme *sociétaire en subsistance* (1).

Dans le cas contraire, l'émigrant ne verse que la cotisation réduite de 4 francs, donnant droit seulement aux avantages de la retraite ; en lui remettant son livret, le Trésorier de section doit lui faire connaître sa nouvelle situation par rapport à la Société (2).

G. — Versements aux livrets individuels de retraite.

La *gestion du Trésorier central* ne saurait donner lieu à de nombreuses observations ; l'examen attentif des imprimés signalés plus loin (nos 17 à 22) à l'attention des Sociétés en dira plus sur ce sujet qu'un long commentaire, sauf toutefois en ce qui concerne les versements opérés sur les livrets personnels de retraite.

D'après les statuts, dès que le compte de prévoyance personnelle d'un sociétaire forme une somme de 2 francs, le Trésorier central doit les verser pour lui sur un livret individuel à la *Caisse nationale de retraites pour la vieillesse* (imprimé fourni par la Caisse).

Voici les règles à suivre pour un premier versement :

1° Afin d'éviter tout retard dans la préparation des dossiers pour le premier versement au livret individuel de retraite, les *Trésoriers de section* devront adresser au Secrétaire général, dans le mois qui suit leur admission définitive, les actes de naissance des sociétaires nés dans la commune, après s'être assurés toutefois que ceux-ci ne sont pas encore titulaires d'un livret de retraite de la Caisse nationale.

---

(1) Le *sociétaire en subsistance* fait ses versements hebdomadaires au Trésorier de la Société à laquelle il est rattaché. La transmission des fonds s'opère une fois par an, par les soins des trésoriers des deux Sociétés, aux frais de la Société bénéficiaire et déduction faite des indemnités qui auraient été allouées pour maladie aux sociétaires en subsistance, d'après les règles de la Mutualité d'origine.

(2) D'après une décision prise par l'Assemblée générale de 1903, les membres participants de la Mutualité scolaire d'Orléans qui changeront de résidence auront le droit de s'acquitter par avance de leurs cotisations de 4 francs pour les exercices qui restent à courir jusqu'à l'achèvement des quinze ans de sociétariat exigés par la loi pour avoir droit à une pension de retraite servie sur le fonds commun.

Pour les enfants nés hors de la commune où ils vont en classe, le Secrétaire général — dans le même délai — relève sur son registre matricule leurs nom, prénoms, la date et le lieu de leur naissance ; puis il adresse aux maires des communes où les naissances ont été inscrites des demandes d'extraits des registres de l'état civil sur papier libre (imprimé n° 10). Des imprimés en blanc pour acte de naissance sont joints à ces demandes.

Dès que ces documents sont réunis, le Secrétaire général les adresse au Trésorier central.

2° Au plus tard dans les quinze derniers jours de chacun des mois de *mars, juin, septembre* et *décembre*, le Trésorier central dresse la *liste* des sociétaires au profit desquels un premier versement doit être fait à la Caisse nationale de retraites et l'accompagne de *déclarations* de versement entièrement garnies par lui (imprimés fournis par l'administration de la Caisse).

3° Dans les Mutualités scolaires du Loiret, ces versements sont faits à capital réservé au profit des ayants droit, avec jouissance de la retraite à partir de cinquante ans. Le sociétaire a d'ailleurs toujours le droit de prendre d'autres dispositions à partir de sa majorité, soit qu'il veuille aliéner son capital, soit qu'il désire retarder l'âge auquel il recevra sa retraite.

N. B. — Pour les versements subséquents, il n'est pas besoin de nouvelles déclarations (à moins de changement des conditions du versement), le bordereau seul suffit.

H. — Matériel d'administration.

On comprend aisément que, pour une Mutualité régionale, embrassant plus de 80 établissements scolaires, comme celle d'Orléans, le matériel soit assez complexe et dispendieux. Toutefois, le travail des instituteurs est plutôt simplifié par le nombre de formules mises à leur disposition.

Nous donnons, ci-après, le tableau du matériel indispensable, en le faisant suivre de *types* adoptés jusqu'à ce jour. Il va de soi que ces types n'ont rien d'absolu ; ils sont perfectibles et, en fait, ils sont améliorés à chaque tirage. Sur ce point, la pratique de l'administration supplée à l'ingéniosité.

TABLEAU D'ENSEMBLE

A. — *Matériel des sociétaires.*

a) Un exemplaire des statuts, autant que possible ;
b) Livret de sociétaire ;
c) Livret individuel de retraite (fourni par la Caisse des dépôts et consignations).

B. — *Matériel des Secrétaires-Trésoriers de section.*

a) Statuts et instructions administratives ;
b) Bordereaux de transmission des bulletins d'adhésion (réunis au fur et à mesure en registre matricule) ;
c) Registre de contrôle ou de perception des cotisations ;
d) Imprimés pour :
    1º Adhésions de membres participants ;
    2º Adhésions de membres honoraires ;
    3º Bordereaux trimestriels de versement ;
    4º Bordereaux annuels récapitulatifs ;
    5º Lettre de rappel en cas de retard dans le paiement des cotisations hebdomadaires ;
    6º Lettre d'avis de changement de résidence ;
e) Carnet de feuilles de maladie ;
f) Cachet pour l'inscription des cotisations sur les livrets de sociétaire (facultatif).

C. — *Matériel de l'Administration centrale (en dehors des archives).*

I. — POUR LE SECRÉTAIRE GÉNÉRAL

a) Feuilles d'adhésion des membres honoraires et circulaires pour les adhésions ;
b) Registre matricule des membres participants ;
c) Registre d'inscription des membres honoraires ;
d) Registre des délibérations du Conseil d'administration et des Assemblées générales ;

e) Registre pour inscriptions des indemnités pour maladies en comptes particuliers des sociétaires pour références ;

f) Imprimés pour demandes d'actes de naissance, etc. Lettres de convocation du Comité, etc.

g) Cachet de la Société.

II. — POUR LE TRÉSORIER CENTRAL

a) Livre de caisse (en rapport avec les statistiques à fournir) ;

b) Registre de perception trimestrielle des cotisations pour l'exercice courant ;

c) Répertoire général des sociétaires, présentant quinze ou seize comptes annuels ;

d) Carnets à souches pour reçus ;

e) Carnets à souches pour mandats ;

f) Fiches de contrôle extraites du registre matricule, pour faciliter les recherches (facultatif) ;

g) Cachet de la Société et cachets du Contrôleur ;

h) Imprimés pour premier versement au livret individuel (déclaration fournie par la Caisse des dépôts et consignations) ;

i) Bordereau nominatif des versements aux livrets individuels (fournis par la Caisse des dépôts et consignations) ;

j) Imprimés divers (ou tirés au mimėographe) : autorisation de versements de fonds à la Caisse des dépôts, autorisations de retraits de fonds. Lettres d'avis pour les sociétaires émigrants, etc.

TYPES DE REGISTRES ET D'IMPRIMÉS

Modèle nº 1.

1º Adhésion des Membres honoraires.
A. — Circulaire de propagande.

Mutualité scolaire d'Orléans   Orléans, le   190 .

ADHÉSION DE MEMBRE HONORAIRE   M

    Le bienveillant intérêt que vous portez à tout ce qui touche l'éducation populaire nous incite à appeler votre attention sur la *Mutualité scolaire d'Orléans*.
    Cette Société, qui admet dès l'âge de trois ans tous les enfants, garçons et filles, inscrits dans les écoles publiques de la 1re circonscription, se propose tout d'abord de grouper leurs efforts afin de les mieux garantir contre les risques de la maladie et les misères de la vieillesse, ce qui est l'objet propre de toutes les Sociétés de secours mutuels.
    En outre, à l'âge où les impressions reçues sont assez fortes pour orienter toute la vie, elle veut façonner les jeunes écoliers à la pratique de la prévoyance et de la solidarité et leur inculquer cette conviction que l'isolement est une cause irrémédiable de faiblesse, tandis que l'association n'additionne pas seulement les efforts, mais les multiplie.
    Vous apprécierez certainement la haute portée morale et sociale de cette institution. Aussi avons-nous l'espoir que vous voudrez bien vous joindre à nous à titre de membre honoraire pour aider à la prospérité de l'œuvre.
    Nous vous en exprimons d'avance toute notre gratitude.

                                              Le Conseil d'Administration.

    N. B. — Le Bureau est composé de MM.....

Modèle nº 2. — Format coquille in-8º.

B. — Feuille d'adhésion de Membre honoraire.

FRATERNITÉ   **MUTUALITÉ SCOLAIRE D'ORLÉANS**[1]   **PRÉVOYANCE**
(1re Circonscription)
Siège de la Société : Hôtel de Ville d'Orléans

ADHÉSION DE MEMBRE HONORAIRE

    Je soussigné déclare m'inscrire comme *Membre honoraire* de la Société scolaire de secours mutuels et de retraite de la 1re circonscription d'Orléans, en fixant ma cotisation à la somme de _____ par an (2).
    Don particulier :

           A   , le   190 .
                                      Signature :

Adresse :

---

(1) La Société est fondée au profit des élèves et anciens élèves des *Établissements universitaires* de la 1re circonscription d'Orléans. Elle a pour but : 1º De payer des indemnités pour maladies aux parents des sociétaires ou aux sociétaires eux-mêmes ; 2º De constituer au profit des sociétaires les premiers éléments d'un livret personnel de retraite ; 3º De réunir un fonds commun de retraite, conformément à la loi du 1er avril 1898, etc.
(2) *Indiquer la somme.* (Le minimum est de 5 francs par an. Un versement minimum de *cent francs*, en une seule fois, donne droit au titre de *Membre honoraire perpétuel*.)
NOTA. — Les quittances seront présentées à domicile et devront porter le cachet de la Société, ainsi que la signature du Trésorier central.

Modèle n° 3. — Format coq. in-8°.

2° Admission de membres participants.

A. — Feuille d'adhésion (recto).

MUTUALITÉ SCOLAIRE D'ORLÉANS

FRATERNITÉ — PRÉVOYANCE

ADHÉSION DE MEMBRE PARTICIPANT

Le parent qui présente : Je soussigné (Nom)
Prénoms   Profession
Demeurant

Après avoir pris connaissance des Statuts de la Société scolaire de Secours Mutuels et de Retraite de la 1re circonscription d'Orléans, et dans le but de profiter, pour moi et pour l'enfant que je présente, des avantages de cette Société, je déclare y adhérer en mon nom comme au sien.

Je demande, en conséquence, l'inscription de
(Indiquer le degré de parenté)

L'Enfant Candidat : (Nom)
Prénoms
Né le
à   département de
(Pour Paris, indiquer l'arrondissement)

Élève de

, je promets, en ce qui me concerne, de lui donner les moyens de remplir, en bon et fidèle Sociétaire, tous les devoirs prescrits par les Statuts ; je prends, notamment, l'engagement de lui remettre, le lundi de chaque semaine, les 10 centimes nécessaires pour payer sa cotisation ou de l'acquitter moi-même.

Déclaration et attestation de santé.

J'atteste sur l'honneur que l'enfant dont je demande l'inscription n'est atteint d'aucune maladie chronique, ni d'aucune infirmité apparente ou cachée, et qu'il jouit actuellement d'une bonne santé, m'engageant, si besoin est, à le faire constater dans le cours du stage de trois mois ou lors de son admission définitive.

En foi de quoi nous avons signé le présent bulletin en double expédition.
(Faire partir l'adhésion du premier de chaque mois)

, le   190

| L'Enfant Candidat. | Le Parent qui le représente. | Pour le Président de la Société, Le Trésorier de section. |

Les parents qui désirent faire inscrire leurs enfants sont priés de remplir cette feuille avec soin et, après l'avoir signée, de la remettre au Directeur ou à la Directrice de l'école qui devra l'envoyer dans le mois au Secrétaire de la Société.

Voir ci-contre l'indication sommaire des avantages offerts par la Société à ses membres participants.

Modèle n° 3. — *Verso*.

AVANTAGES OFFERTS PAR LA SOCIÉTÉ

La Mutualité scolaire a pour but d'enseigner aux enfants la prévoyance et de leur faire toucher du doigt la puissance bienfaisante de l'association.

En outre,

Moyennant une cotisation hebdomadaire de 10 centimes :

1° *De venir en aide aux parents des sociétaires malades, en leur payant une indemnité pendant le temps de la maladie de leurs enfants;*

Cette indemnité est de 50 centimes par jour pendant le premier mois de maladie, et de 25 centimes par jour pendant les deux mois suivants (convalescence non comprise).

2° *De constituer, en faveur des élèves sociétaires, un capital de retraite inaliénable, conformément à la loi du 1er avril 1898;*

(Ce capital de retraite, formé au moyen de prélèvements effectués sur les excédents de recettes de la Société, augmenté des subventions accordées par l'Etat et des intérêts capitalisés, est destiné à servir des pensions aux Sociétaires âgés de plus de 55 ans et ayant versé au moins 15 cotisations annuelles soit à la Mutualité scolaire d'Orléans, soit à une autre Société adhérente à l'Union des Mutualités scolaires du Loiret.)

(Cette retraite, servie par la Société, sera certainement supérieure à la retraite personnelle dont il est question au paragraphe 3.)

3° *D'établir, au profit de chacun des adhérents actifs, les premiers éléments d'un livret personnel de retraite (à capital réservé);*

(Sauf un prélèvement de cinq centimes par semaine, affecté aux secours et aux différents services de la Société, les sommes payées par l'enfant sont portées à son compte particulier et ensuite versées sur son livret personnel de retraite dès que la quotité minima fixée par les règlements est atteinte.)

(Les sommes ainsi versées restent la propriété exclusive du Sociétaire et reviennent, après sa mort, à ses parents héritiers.)

Nota. — Les sommes placées dès le jeune âge assurent une retraite beaucoup plus élevée que si on les versait dans l'âge mûr.

Par exemple, un versement annuel de 1 franc fait de 3 à 20 ans produit à 55 ans une retraite de 7 fr. 50, tandis qu'avec le même versement fait de 38 à 55 ans, la retraite sera réduite à 1 fr. 21, soit à peine le sixième de la première. (A capital aliéné, ces retraites s'élèveraient respectivement à 9 fr. 99 et à 2 fr. 25.)

Ainsi donc, il y a un avantage énorme à être admis de très bonne heure dans la Mutualité scolaire. Aussi le Conseil d'administration engage-t-il très vivement les parents à y faire inscrire leurs enfants bien portants dès l'âge de trois ans et à faire sur leur tête le plus de versements supplémentaires possibles au livret personnel de retraite (paragraphe 3°).

Modèle n° 4. — Format coquille in-4°

MUTUALITÉ SCOLAIRE D'ORLÉANS

École publique d   d   rue

BORDEREAU DE TRANSMISSION DES FEUILLES D'ADHÉSION N°

Le cadre comprend 7 colonnes comportant respectivement les renseignements suivants :

Colonne 1. — Numéro d'ordre.
— 2. — Numéro du registre matricule.
— 3. — Désignation du livret individuel de retraite.
— 4. — Nom et prénoms de l'adhérent.

Colonne 5. — Date et lieu de naissance.
— 6. — Date de l'admission en stage.
— 7. — Observations.

Au-dessous du cadre sont placées des formules comme suit :

Dressé le présent bordereau d'après les feuilles d'adhésion ci-jointes, au nombre de   et transmis au Secrétaire général.
A   , le   19   .
Le Trésorier de section.

Collationné et retourné à M   l'Institut d   , après inscription des numéros matricules, avec les livrets des Sociétaires.
A Orléans, le   19   .
Le Secrétaire général,

AVIS TRÈS IMPORTANT

Ces bordereaux, soigneusement conservés et réunis en un cahier, formeront le Registre matricule de chaque école. — Dans la colonne d'*Observations*, on indiquera, le cas échéant, la date du passage dans la section des adultes, du changement de résidence ou de la démission de chaque adhérent.

Ici, onglet gommé au verso.

Modèle n° 5. — Format coquille in-8°.

C. — Couverture du Livret de Sociétaire *(1re page).*

FRATERNITÉ   **PRÉVOYANCE**

MUTUALITÉ SCOLAIRE
D'ORLÉANS

LIVRET DE SOCIÉTAIRE

Nom

Prénoms

Date de naissance

Lieu de naissance

N° Matricule ▆▆▆▆ Section scolaire

N° Matricule ▆▆▆▆ Section d'adultes

Désignation du livret personnel { Série
       de retraite :   { N°

AVIS TRÈS IMPORTANT. — Lorsqu'un sociétaire a fini ses études, il est préférable qu'il continue ses versements — chaque trimestre — à son ancienne école. — S'il change de résidence, d'atelier, etc., il doit en aviser le Directeur de l'École, pour permettre à ce dernier notamment de fournir les renseignements nécessaires en cas de maladie.

C. — Couverture du Livret de Sociétaire *(2e page)*.

MUTUALITÉ SCOLAIRE D'ORLÉANS

Approuvée par arrêté de M. le Ministre de l'Intérieur en date du 28 janvier 1899.

Admission provisoire en stage

Nom   Prénoms

Date et lieu de naissance

Domicile   , rue   , no

Élève de   , rue   , no

Admis provisoirement le

Écoles fréquentées successivement depuis l'admission :

AVIS IMPORTANT

Le candidat en stage est prévenu qu'il doit être au pair de toutes ses cotisations hebdomadaires pendant une durée minimum de trois mois, pour être admis définitivement par le Conseil d'administration de la Société.

En cas d'indisposition ou de maladie pendant le stage de trois mois, et quoique l'indemnité ne soit pas due pendant cette période, le Bureau de la Société doit être avisé. Toute maladie non déclarée pourrait être une cause de radiation, même après l'admission définitive.

Compte de stage ouvert le 1er Lundi du mois d   190

DATES	VERSEMENTS HEBDOMADAIRES FAITS PAR LE STAGIAIRE (Minimum 10 centimes chaque lundi)					VERSEMENTS supplémentaires pour le Livret de retraite		TOTAL MENSUEL	
						fr.	c.	fr.	c.
1o Du premier versement du trimestre.									
2o Du dernier versement du trimestre.									

Certifié exact :

L. Direct   ,

Le Président de la Société certifie que le jeune

a été admis définitivement dans la Société par décision du Conseil d'administration en date du

sous le no   LE PRÉSIDENT,

Modèle n° 6. — Format coquille in-8°.

3° Recouvrement des Cotisations des Membres participants.

(Trésorier de section.)

A. — Page intercalaire du Livret de Sociétaire.

Mutualité Scolaire d'Orléans ANNÉE 19		VERSEMENTS HEBDOMADAIRES faits par le titulaire du n° matricule............ (Minimum 10 centimes chaque lundi)					RÉPARTITION (1)				VERSEMENTS supplémentaires pour le Livret de retraite	
							Aux Secours mutuels		au Livret personnel de retraite			
							fr.	c.	fr.	c.	fr.	c.
Premier Trimestre	Janvier...											
	Février...											
	Mars....											
Deuxième Trimestre	Avril....											
	Mai.....											
	Juin.....											
Troisième Trimestre	Juillet...											
	Août....											
	Septembre.											
Quatrième Trimestre	Octobre...											
	Novembre..											
	Décembre..											
(1) La répartition des versements dans les colonnes ci-contre est faite par le Trésorier de section.						TOTAUX ..						

Dans l'année 190 , le montant des versements faits par le Trésorier central à la **Caisse Nationale des Retraites,** *pour le compte du Sociétaire dénommé ci-dessus, s'est élevé à la somme de .... francs. La somme non versée, à reporter sur l'exercice suivant, est donc de .... fr. .... centimes.*

Modèle n° 7. — Format oblong, coquille in-4° double.

B. — Registre de perception ou de contrôle du Trésorier de section.

Au-dessous des indications générales (Société, École, Année) sont des colonnes portant sur deux pages, dans l'ordre suivant :

PREMIÈRE PAGE

Colonne 1. — Numéro d'ordre de l'an courant.
Colonne 2. — Numéros matricules des sociétaires.
Colonne 3. — Noms et prénoms.
Colonnes 4, 5 et 6. — Janvier, février et mars (chacune 5 divisions).
Colonne 7. — Totaux du 1er trimestre { Mutualité. / Retraite.
Colonnes 8, 9 et 10. — Avril, mai et juin (chacune 5 divisions).
Colonne 11. — Totaux du 2e trimestre.

DEUXIÈME PAGE

Colonnes 12, 13 et 14. — Juillet, août et septembre (chacune 5 divisions).
Colonne 15. — Totaux du 3e trimestre.
Colonnes 16, 17 et 18. — Octobre, novembre et décembre (chacune 5 divisions).
Colonne 19. — Totaux du 4e trimestre.
Colonne 20. — Totaux pour l'année { Mutualité. / Retraite.
Colonne 21. — Observations.
Colonne 22. — Désignation du livret de retraite (série et numéro).

Modèle n° 8. — Format coquille in-8°, feuille simple.

C. — Avertissements pour retards.
(Pour le Trésorier de section.)

MUTUALITÉ SCOLAIRE D
Section de l'école d   d

Pour me permettre d'arrêter le compte trimestriel de la Mutualité scolaire, je prie M   de me verser, dans le plus bref délai, les cotisations arriérées (1) d   jeune
A   , le   190   .

L   Direct   de l'École,

---

(1) Extrait des statuts (article 10, § 1er) : « Cessent d'avoir droit à l'indemnité pour maladie les membres participants qui sont en retard de plus de deux cotisations hebdomadaires. »

N. B. — Les sociétaires qui ont quitté l'école et ne peuvent, par suite, payer leurs cotisations chaque lundi ont intérêt à payer d'avance, au commencement de chaque mois ou, mieux, de chaque trimestre.

Modèle n° 8 bis. — Même format que le n° 8.

C. — Avertissements pour retards.
(Pour le Trésorier central.)

Mutualité Scolaire Orléans, le   190
D'ORLÉANS

Le Trésorier central à M

M

 M. le Trésorier de la Section de la Mutualité Scolaire d'Orléans, dont votre enfant   fait partie, m'informe que ses cotisations n'ont pas été versées depuis   semaines.

 Avant de saisir de l'affaire M. le Président de la Société, j'ai l'honneur de vous rappeler qu'aux termes de l'article 10 des statuts, tout sociétaire en retard dans le paiement des cotisations hebdomadaires cesse d'avoir droit aux indemnités pour maladie tant qu'il ne s'est pas libéré. Un trop long retard peut même entraîner sa radiation de la Société, c'est-à-dire la perte des multiples avantages que la Mutualité Scolaire procure à ses adhérents.

 Dans l'intérêt de l'enfant, je vous prie instamment de verser au plus tôt les cotisations arriérées entre les mains de son instit

 Si, en raison de *circonstances exceptionnelles*, l'enfant avait besoin d'un congé temporaire, je vous prie d'en aviser d'urgence M. le Président de la Société par l'intermédiaire du Trésorier de section.

 Agréez, M   , l'expression de mes sentiments distingués.

         Le Trésorier central,

Transmis à M

    L'instituт   , *trésorier de section,*

Modèle n° 9.

MUTUALITÉ SCOLAIRE D'ORLÉANS

Commune d
École publique d
rue

N. B. — *Les versements au Trésorier central se font par trimestre dans la première quinzaine des mois d'avril, juillet, octobre et janvier.*

BORDEREAU de versement des fonds perçus pendant le trimestre 190 . par
M , trésorier de la section.

EXERCICE 190
e TRIMESTRE
Récépissé délivré le

N°s d'ordre de l'année courante	N°s matricules des sociétaires	NOMS ET PRÉNOMS des Sociétaires	SOMMES VERSÉES pour		OBSERVATIONS (Les porter au verso si la place manque ici.)
			secours mutuels d	livret de retraite e	
			fr. c.	fr. c.	
a	b	c			f
1		(20 numéros)			
		À reporter...			

(Fin de la deuxième colonne)

TOTAUX..
ENSEMBLE..

(Signature du Trésorier de section.)

INSTRUCTIONS

I. — Les numéros d'ordre de la colonne *a* sont ceux du registre de contrôle de l'année en cours.

II. — Chaque fois que le chiffre de la colonne *e* dépasse celui de la colonne *d*, il y a lieu de donner une explication dans la colonne d'observations. Il en est de même lorsque les sommes versées ne correspondent pas exactement à la cotisation normale du trimestre.

III. — Quand un sociétaire a quitté la section, mention en est faite une seule fois dans la colonne *f*, en regard du numéro d'ordre dudit sociétaire (*Va dans telle école le...* ou *démissionnaire le... pour telle cause*). De même pour les sociétaires nouvellement entrés, on mentionne la date d'arrivée et la section d'origine (*Arrivé le... de telle école...* ou *entré le...*).

IV. — Le reçu ci-contre est rempli, autant que possible, par le Trésorier de section.

MUTUALITÉ SCOLAIRE
d'Orléans

Commune d
École publique d
rue
Section de M

Résumé du Bordereau du trimestre de 190 .

	fr.	c.
Somme destinée aux secours mutuels........		
aux livrets personnels de retraite....		
TOTAL des sommes versées....		

Reçu la somme ci-dessus.

Orléans, le 190 . Le Trésorier central,

N. B. — Ce reçu sera conservé avec soin par le Directeur de l'école.

D. — Bordereau trimestriel d'envoi d'argent.

Modèle n° 10.
Format oblong coquille in-4°.

Mutualité Scolaire
d'Orléans

SOUCHE

Feuille n°
Ecole publique d
de
rue

N° matricule
Nom
Prénoms
Domicile

Observations

Feuille délivrée le
Nature de la maladie
Nombre de jours demandés
Nombre de jours acceptés
Indemnité ou secours de   francs
payé le

(Mandat n°   )

Feuille n°

FRATERNITÉ — PRÉVOYANCE
MUTUALITÉ SCOLAIRE D'ORLÉANS

Siège social : Hôtel de ville d'Orléans.

Ecole publique
d............ rue............
Nom du sociétaire ....
N° matricule ....

Date de la sortie de l'école (ou de l'atelier)............
Date de la rentrée à l'école (ou à l'atelier)............
Nombre de journées acceptées par le Conseil ....

FEUILLE DE MALADIE

Délivrée le   19   , pour servir à la fixation de l'indemnité accordée par la Société. Le livret du sociétaire est en règle à cette date.

Le Trésorier de section.

DÉCLARATION DE LA FAMILLE

La maladie, *non compris la convalescence*, a duré du   au
Le père.

CERTIFICAT DU MÉDECIN

Je soussigné   , docteur en médecine, certifie avoir donné mes soins a   jeune   atteint de (1)
J'ai fait   visites au malade, la première, le   , la dernière, le
A   , le   19

Le Médecin.

(1) Nature de la maladie.

— 43 —

4° **Indemnités pour maladie.**
(*Registre à souches du Trésorier de section.*)

5° **Contrôle.**
A. — **Cachet du Contrôleur.**

L'empreinte de ce cachet a le diamètre d'une pièce de un franc. Elle porte simplement l'indication : *Mutualité scolaire d'Orléans. (Contrôle).*

Modèle n° 11. — Format coquille in-4°.

B. — Bordereau

MUTUALITÉ SCOLAIRE D'ORLÉANS. — *Ecole publique d*

Bordereau récapitulatif des opérations

NUMÉRO d'ordre de l'année	NUMÉRO matricule	NOMS ET PRENOMS DES SOCIÉTAIRES	TOTAUX des sommes versées pour l'année		INDEMNITÉS ou secours accordés pour maladie dans l'année	OBSERVATIONS du Trésorier de section
			Mutualité	Retraite		
1	2	3	4	5	6	7

(40 lignes, *recto* et *verso*.)

Arrêté à la somme de   égale aux montants des bordereaux trimestriels.

Certifié exact, à   , le   19   .

Le Trésorier de section,

Cachet du Contrôleur délégué de la section.

Le Contrôleur soussigné, délégué à la vérification des écritures de la section, certifie avoir constaté que les chiffres ci-dessus accusés sont conformes à ceux du registre de contrôle et des livres des sociétaires.

A   , le   19

Le Contrôleur,

— 45 —

récapitulatif de l'exercice.

d   , rue   (classe)

effectuées pendant l'année 19   .

DÉSIGNATION des livrets individuels de retraite		PARTIE A REMPLIR PAR LE TRÉSORIER CENTRAL				OBSERVATIONS du Contrôleur délégué pour la section
		Capital versé au livret individuel	Remboursements (sur demande)	Relevé des chiffres portés sur le registre central, non conformes à ceux des colonnes 4 et 5		
Série	Numéros			Mutualité	Retraite	
8	9	10	11	12	13	14

(40 lignes, *recto* et *verso*.)

Le Trésorier central certifie avoir comparé les chiffres récapitulatifs ci-contre avec ceux de son registre de la situation financière des sociétaires et n'avoir constaté aucune irrégularité.

FONDS COMMUN DÉPARTEMENTAL DE RETRAITE

Le versement de la Société a été de . . . . , .   par tête.
La subvention correspondante de l'État sera de . . . .   —
Et la subvention sur les fonds prescrits des Caisses d'épargne
   s'est élevée à . . . .   —

A Orléans, le   19

Le Trésorier central,

N. B. — Le présent bordereau devra être conservé et épinglé au registre de contrôle après que le Trésorier de section aura reporté sur les livrets des sociétaires : 1° Le capital versé au livret individuel de retraite (colonne 10) ; 2° Le capital versé par la Société au fonds commun de retraite.

Modèle n° 12. — Format coquille in-8°.

6° Versements au fonds commun (annuité individuelle).

Feuille du Livret de Sociétaire dite de « l'Union », permettant d'indiquer le passage d'une Société à l'autre dans l'Union départementale des Mutualités scolaires du Loiret.

UNION DES MUTUALITÉS SCOLAIRES DU LOIRET

Nom et Prénoms du Mutualiste :
Date et lieu de naissance :

Admis le	*dans la*	*Admis le*	*dans la*
Mutualité scolaire d'Orléans		*Mutualité scolaire d*	
sous le n° matricule		*sous le n° matricule*	
Sorti le	*pour*	*Sorti le*	*pour*
cause de		*cause de*	
Admis le	*dans la*	*Admis le*	*dans la*
Mutualité scolaire d		*Mutualité scolaire d*	
sous le n° matricule		*sous le n° matricule*	
Sorti le	*pour*	*Sorti le*	*pour*
cause de		*cause de*	
Admis le	*dans la*	*Admis le*	*dans la*
Mutualité scolaire d		*Mutualité scolaire d*	
sous le n° matricule		*sous le n° matricule*	
Sorti le	*pour*	*Sorti le*	*pour*
cause de		*cause de*	

VERSEMENTS ANNUELS
faits par chaque Société pour la constitution du fonds commun départemental de retraite.

Exercice	*Certifié exact* (1) :	
	Le Trésorier de la Section,	Le Contrôleur délégué,
	(École d).	
Exercice	*Certifié exact* (1) :	
	Le Trésorier de la Section,	Le Contrôleur délégué,
	(École d).	
		A reporter.....

(Les trois autres pages contiennent dix-huit cases semblables.)

(1) Écrire en toutes lettres la mention **un** si la Mutualité a versé 1 franc, par membre participant, au fonds commun de retraite, la mention **un et quart** si le versement est de 1 fr. 25 par tête, et ainsi de suite. Ces mentions serviront de base au calcul de la pension de retraite. Répéter la même mention **en chiffres** dans la colonne de droite.

Modèle n° 13. — Format coquille in-8°, sur feuille simple.

7° Changement de résidence.

(Trésorier de section.)

MUTUALITÉ SCOLAIRE
d'Orléans

Avis de changement de résidence

NOTE DE SERVICE

Le Trésorier de section soussigné informe M. le Président de la Mutualité Scolaire d'Orléans que l   jeune   , élève de l'école publique de   de
immatriculé   dans la Société sous le n°   , vient de quitter la commune (ou le quartier) pour aller résider à   ,
rue   , département d   ,
où   fréquentera l'école publique d   .
Son livret de sociétaire lui a été remis. Ses cotisations sont payées jusqu'au   19   .

A   , le   190   .

Le Trésorier de section,

N. B. — Si le sociétaire émigrant s'est fixé hors du département du Loiret ou dans une commune dépourvue de Mutualité Scolaire, indiquer ci-dessous comment il continuera ses versements, dans la mesure du possible.

RÉPONSE :

Modèle n° 14.

8° Matériel du Secrétaire général.

A. — Registre matricule.

Ce registre doit tenir 10 inscriptions à la page. Chaque page contient 8 colonnes, savoir :

Colonne 1. — Numéro d'ordre d'inscription ou numéro matricule.
Colonne 2. — Nom et prénoms.
Colonne 3. — Date et lieu de naissance.
Colonne 4. — Résidence au moment de l'inscription.
Colonne 5. — Date de l'admission en stage.
Colonne 6. — Date de l'admission définitive.
Colonne 7. — Établissement universitaire fréquenté lors de l'admission et durant la scolarité.
Colonne 8. — Observations (date de démission, radiation, transfèrement, en cas de mutation, etc.).

B. — **Registre d'inscription des membres honoraires** (fait à la main).
C. — **Registre des délibérations**, etc. (dans le commerce).
D. — **Répertoire des indemnités pour maladie allouées à chaque sociétaire** (fait à la main; numéro matricule, nom, date de la décision, nature de la maladie, indemnité : en jours, en francs).
E. — **Imprimés divers.**

Modèle n° 15. — Format coquille in-8°.

1° Convocation du Conseil d'administration.

MUTUALITÉ SCOLAIRE
d'Orléans

Orléans, le   190 .

M

J'ai l'honneur de vous informer que le Conseil d'administration de la Mutualité scolaire de la 1re circonscription d'Orléans se réunira à
            le   à
Je vous serais reconnaissant de vouloir bien assister à la séance.

L'ORDRE DU JOUR COMPRENDRA :

Agréez, M   , l'assurance de ma considération la plus distinguée.

Le Président,

Modèle n° 16. — Format coquille in-8° double.

2° Demande d'actes de naissance.

Mutualité scolaire d'Orléans

LIVRETS INDIVIDUELS
de Retraite

DEMANDE
d'actes de naissance sur papier libre
(sans frais).

Orléans, le

Monsieur le Maire,

La Mutualité scolaire d'Orléans doit faire un premier versement à la Caisse des retraites au profit des adhérents dont la liste (1) est ci-contre.
En conséquence, je vous serais très reconnaissant, Monsieur le Maire, si vous vouliez bien nous délivrer, le plus tôt possible, les actes de naissance des intéressés.
Veuillez agréer, Monsieur le Maire, l'assurance de ma considération la plus distinguée.

Le Président de la Société,

Monsieur le Maire
    à

(1) La seconde page est ornée d'un cadre contenant les indications suivantes : 1° Nom; 2° prénoms; 3° date de naissance; 4° observations.

(Cette lettre peut être transmise dans les départements autres que le Loiret par l'intermédiaire de M. l'Inspecteur d'académie.)

Modèle n° 16 *bis*.

MUTUALITÉ SCOLAIRE
d'Orléans

Orléans, le   190

Monsieur l'Instituteur,

Vous trouverez sous ce pli une demande du Président de la Mutualité scolaire d'Orléans adressée à M. le Maire d
et tendant à ce que des actes de naissance soient délivrés gratuitement, le plus tôt possible, à des membres de cette Société, pour un premier versement à faire à la Caisse des retraites.
Je vous serais très obligé si vous vouliez bien faire les démarches nécessaires pour obtenir la prompte délivrance de ces pièces, que vous me feriez ensuite parvenir directement ou par l'intermédiaire de M. l'Inspecteur d'académie.
Agréez, Monsieur l'Instituteur, l'assurance de ma considération très distinguée.

L'Inspecteur primaire,

Monsieur l'Instituteur,
à   .   (*Loiret*).

Formule d'acte de naissance.

Imprimé fourni par les communes.

CAISSE DES DÉPOTS
et
Consignations

3e DIVISION

CAISSE NATIONALE
des Retraites pour la Vieillesse

(1) Date de la déclaration de la naissance (en toutes lettres).
(2) Nom et prénoms de l'enfant.
(3) Date de la naissance (en toutes lettres).
(4) Nom et prénoms du père.
(5) Nom et prénoms de la mère.
(6) Indiquer, s'il y a lieu, les mentions mises en marge de l'acte.
(7) Greffier du tribunal ou maire.
(8) Signature.
Il ne peut être suppléé à la signature par l'apposition d'une griffe.
(9) Apposer le timbre du tribunal ou de la mairie.

Mutualité Scolaire
D'ORLÉANS

ACTE DE NAISSANCE

Le (1)   mil
a été inscrite sur le registre de l'état civil la naissance de (2)
né   le (3)
mil
à   arrond¹ d
département d
fils   de (4)
et de (5)
(6)
Certifié conforme au registre de l'état civil et délivré gratuitement sur papier libre, conformément à l'art. 24 de la loi du 20 juillet 1886.

Le   1
Le
(8)
, (9)

Modèle n° 17.

9° Matériel du Trésorier central.

A. — Livre de caisse

(particulièrement recommandé.)

Livre de caisse du Trésorier central *(modèle nouveau adopté à Orléans depuis le 1ᵉʳ janvier 1901).*

RECETTES

Page de gauche du registre ouvert.

DATES des OPÉRATIONS	NATURE DE L'OPÉRATION	Recette totale provenant de toutes les opérations	Recette d'ordre. — Reliquat en caisse fin exercice précédent. Fonds retirés du compte courant
1	2	3	4
Janvier 17	En caisse, fin exercice 1901, chez le Trésorier (récépissé ou espèces)	2.002f.10	2.002f.10
Février 28	Versement, 1ᵉʳ trim., école mixte de Senu(?)	11 50	
Mars 1ᵉʳ	Retiré 100 fr. de la Caisse des dépôts (compte courant).	100 »	100 »
	Encaissé, cotisation de la commune de Murelé(?)	2½	

DE .... (EXERCICE 1902)

Page de droite du registre ouvert.

DATES des OPÉRATIONS	NATURE DE L'OPÉRATION	Dépense totale provenant de toutes opérations	Dépense d'ordre. — Fonds placés en compte courant
16	17	18	19
Janvier 10	Versé 2.000 fr. en compte courant à la Caisse des dépôts.	2.000f. »	2.000f. »
— 31	Payé indemn. p. maladie, mandats nᵒˢ 789, 781, 787, à MM. X..., Y..., Z....	10 »	
Février 28	Versement sur 200 livrets nouveaux (récépissé nᵒ...)	100 »	
Mars 1ᵉʳ	Payé à l'imprim., facture du ...., mandat nᵒ	27	

N. B. — Le livre de caisse ainsi établi répond à toutes les obligations imposées par les statuts ou la statistique annuelle. Une simple lecture renseigne, à tout moment de l'année, sur la situation de la caisse (différence entre colonnes 3 et 18), les recettes réelles (différence entre colonnes 3 et 4), les dépenses réelles (différence entre colonnes 18 et 19), le montant du compte courant donné par comparaison des colonnes 4 et 19, les sommes reçues pour livrets individuels (colonne 15) ou versées audit livret (colonne 30), les

MUTUALITÉ SCOLAIRE

FONDS SOCIAL										FONDS PARTICULIERS	
Recettes pour la mutualité							Fonds de réserve			Dons et legs spéciaux pour retraite sur livrets individuels	Sommes reçues pour versements à faire aux livrets individuels (cotisat. hebdomad.)
Cotisat. hebdomad.		Cotisat. des membres honoraires.	Dons Legs Augmts.	Subvent. de l'État Intérêts	Subvent. des départ. et des commun. les 4/5ᵉ	Recettes diverses	Dons faits avec cette cotisat. spécial.	Fraction du 1/5ᵉ des cotisat. commun.			
Garçons	Filles										
5	6	7	8	9	10	11	12	13	14	15	
12f.30	10f. »									22f.30	
					20f. »			5f. »			

DÉPENSES

FONDS SOCIAL									FONDS PARTICULIERS	
INDEMNITÉS OU SECOURS pour maladie				Matériel — Frais de gestion	Versem' au fonds commun de retraite	Cotisat. à l'Union Paiements divers	Dépenses provenant de redressement de compte	Dépenses imputables au fonds de réserve	Remboursements aux démissionnaires ou émigrants Redressement de compte	Versement faits au livret individuel de retraite
ADULTES		SECTION SCOLAIRE								
Garçons	Filles	Garçons	Filles							
20	21	22	23	24	25	26	27	28	29	30
14f. »	10f. »	10f. »								100f. »
				27f. »						

dépenses engagées à quelque titre que ce soit, etc. — Les totaux des colonnes 4 à 15 vérifient le total de colonne 3, de même que ceux des colonnes 19 à 30 vérifient le total de la colonne 18, etc.

Les subventions au fonds commun (lorsque la Mutualité a un fonds spécial) sont portées à leurs lieu sur le livre de caisse, en recettes et en dépenses, ou mentionnées, pour mémoire, à l'encre rouge.

Modèle n° 18.

B. — Registre de perception trimestrielle, présentant la situation financière de chaque Sociétaire pour l'exercice 19 .

Comprend les 23 colonnes ci-dessous et 20 à 25 lignes par page.

MUTUALITÉ SCOLAIRE D'ORLÉANS

N°s d'ordre de l'an courant	N°s matricules	NOMS & PRÉNOMS des Sociétaires	DÉSIGNATION des livrets individuels de retraite Série N°s	SOMME totale inscrite à ces livrets	ÉCOLES D'ORIGINE ou de destination des Sociétaires Sommes arriérées dues, etc.
1	2	3	4	5	6
1					
2					

RELEVÉ DES VERSEMENTS portés aux bordereaux trimestriels des trésoriers de section								TOTAUX DE L'ANNÉE		Reliquat retraite de l'année précédente	TOTAL général des fonds retraite à verser dans l'année
1er trimestre		2e trimestre		3e trimestre		4e trimestre		Mutualité colonnes 7, 9, 11 et 13	Livrets de retraite colonnes 8, 10, 12 et 14		
M	R	M	R	M	R	M	R				
7	8	9	10	11	12	13	14	15	16	17	18

SOMMES VERSÉES AUX LIVRETS INDIVIDUELS DE RETRAITE						RELIQUAT différ. des colonnes 18 et suivantes à reporter sur l'exercice suivant	OBSERVATIONS
1er versement		2e versement		3e versement			
Date	Somme	Date	Somme	Date	Somme		
19		20		21		22	23

Modèle n° 19.

C. — Répertoire général des Sociétaires.

Dans les Sociétés à livret mutualiste en particulier, il serait bon que le Trésorier central tînt, en outre, un « Répertoire général » sur lequel serait relevé, année par année, le compte de chaque Sociétaire. On pourrait lui donner la forme suivante :

Mutualité Scolaire d'Orléans

Numéro matricule
(   )

Répertoire général des Sociétaires

Nom et prénoms
Date et lieu de naissance
Date de l'entrée dans la Société

A — 1

ANNÉES DE SOCIÉTARIAT	SECOURS MUTUELS		RETRAITE			OBSERVATIONS
	Cotisations affectées à l'assurance-maladie	Indemnités ou secours obtenus chaque année	EFFORT SOCIAL (fonds commun)		Effort personnel : versements au livret individuel n°	(1) Y compris les subventions
			Capital constitué chaque année au fonds commun (1)	Rente éventuelle en résultant (3 1/2 p. %, capital réservé)		
19						
19						
19						
Etc.						

Ce registre résume toutes les opérations de la Société relatives à chacun des membres participants. Tenu avec soin, il évitera toute contestation dans l'avenir, puisqu'il présente le tableau complet des engagements pris par la Société.

---

(1) Pour chaque membre participant, on prévoit 10 années de sociétariat. — Une page comprend quatre comptes particuliers. — Les adhérents sont groupés en séries dans l'ordre alphabétique ; dans chaque série ou lettre, ils sont rangés dans l'ordre des numéros matricules.

SOUCHE	Fr.	Cent.

Report (exercice courant)...

Exercice 1

N° d'ordre

Le   1
le Trésorier central de la
Mutualité scolaire d'Orléans a
encaissé la somme de   fr.
versée par M
pour sa *cotisation* annuelle de
Membre honoraire et   fr.
à titre de *don*.

MUTUALITÉ SCOLAIRE D'ORLÉANS

Exercice 1   . — N° d'ordre

Reçu de M [1]
  la somme de [2]
pour sa cotisation annuelle de Membre honoraire de
la Société de Secours Mutuels et de retraites de la
1re circonscription d'Orléans, et [2]   à
titre de don.

Orléans, le   1   .

LE TRÉSORIER CENTRAL,

(1) Nom, prénoms, résidence.
(2) En toutes lettres.

Modèle n° 20. — 3 reçus à la page.

D. — Carnet à souches pour reçus.
(*Cotisations de Membres honoraires, dons, recettes diverses...*)

SOUCHE	Fr.	C.

Report (Exercice courant).

MUTUALITÉ SCOLAIRE
d'Orléans

Exercice 1

MANDAT N°

Nom de la partie prenante :

OBJET DE LA DÉPENSE :

Montant du Mandat :
francs................. et . . .

DATE DE LA DÉLIVRANCE :

Le   1

MUTUALITÉ SCOLAIRE D'ORLÉANS - DÉPENSES

Exercice 1

MANDAT N°

Le Trésorier de la Société scolaire de Secours mutuels et de Retraites de la 1re circonscription d'Orléans, sur le présent mandat, paiera à M(1) la somme de................francs pour les causes ci-après :

OBJET DE LA DÉPENSE	SOMME A PAYER		OBSERVATIONS
	Fr.	C.	

Le présent mandat, dûment quittancé, sera alloué dans les comptes du Trésorier central de la Mutualité scolaire.

Fait à Orléans, le   1

Pour acquit,   Le Président,

(1) Nom, prénoms, résidence.

Modèle n° 20 bis.

D. — Carnet à souches pour Mandats.

Modèle n° 20 ter.

E. — **Bordereau de remboursement collectif** aux démissionnaires qui le demandent ou de transfert de fonds, pour les émigrants, d'une mutualité à une autre.

Numéro du mandat
délivré ....
— 0 —

MUTUALITÉ SCOLAIRE D'ORLEANS

École de
de   rue
Directeur : M.

Colonne 1. — Numéro matricule des sociétaires.
Colonne 2. — Série et numéro du livret de retraite.
Colonne 3. — Nom et prénoms.
Colonne 4. — Sommes encaissées pour la retraite par le Trésorier de la Société.
Colonne 5. — Sommes versées au livret (montant du livret de retraite).
Colonne 6. — Reliquat à rembourser (différence des colonnes 5 et 6).
Colonne 7. — Signature-quittance des parents (remboursement) ou du Trésorier de la Société (transfert).
Colonne 8. — Observations.

Modèle n° 20. — 11 cent. sur 7.

F. — Fiches de contrôle.

Ces fiches, en papier très fort, portent les indications essentielles qui permettent les recherches, ou le classement que nécessite l'administration, savoir : numéro matricule, série et numéro du livret, nom, prénoms, date et lieu de naissance ; date d'admission, sections fréquentées successivement.....

Modèle n° 21.

F. — **Autorisation de dépôt de fonds en compte courant à la Caisse des dépôts.**

MUTUALITÉ SCOLAIRE D'ORLÉANS

(N° 124 du répertoire préfectoral.)

Autorisation de versement

Le Président de la Société scolaire de secours mutuels et de retraite de la première circonscription d'Orléans autorise M.   , trésorier central de la Société, à verser à la Caisse des dépôts et consignations la somme de (1)   , à inscrire au compte courant des fonds libres.

Orléans, le

Le Président,

(1) En toutes lettres.

Modèle n° 24 bis.

G. — Autorisation de retrait de fonds à la Caisse des dépôts et consignations.

Mutualité Scolaire   **Mandat de retrait de fonds de dépôt**

D'ORLÉANS

N° 124

M. le Trésorier central de la Mutualité scolaire d'Orléans est autorisé à retirer la somme de   du compte de ladite Société à la Caisse des dépôts et consignations.

A Orléans, le   19   .

Le Président de la Société,

(Timbre de la Société.)

Pour acquit de la somme ci-dessus,

A Orléans, le   19   .

Le Trésorier central,

H. — **Versements sur livrets individuels de retraite.**

Deux imprimés sont nécessaires outre l'autorisation préfectorale :
    a) *Déclaration de versement ;*
    b) *Bordereau nominatif des versements.*

Ces imprimés sont fournis gratuitement par les préposés à la Caisse des dépôts et consignations (percepteurs, receveurs des postes ou des finances, trésoriers-payeurs généraux). Nous croyons donc devoir ne pas les reproduire ici.

a) La déclaration de versement est faite pour un premier versement et chaque fois que les conditions dudit versement sont changées. Le Trésorier de la Société déclare agir « comme intermédiaire du titulaire, ayant charge et pouvoir ».

b) Le bordereau est rempli, sans aucune difficulté, d'après les indications très claires qu'il comporte et remis, avec les livrets de retraite et les déclarations, s'il y a lieu, aux préposés de la Caisse nationale de retraite. Le récépissé délivré est envoyé, pour visa, à la Préfecture.

Généralement, les livrets déposés ne peuvent être retirés que trois mois après le versement.

Modèle n° 22.

Formule de convocation, recommandée (2e partie) pour l'Assemblée générale

MUTUALITÉ SCOLAIRE
    d'Orléans

Orléans, le 20 Avril 1903.

M

Vous êtes prié d'assister à l'Assemblée générale annuelle de la Mutualité scolaire d'Orléans, qui se tiendra dans l'école de la rue de l'Université (près la Préfecture), le Dimanche 26 Avril, à 2 heures de l'après-midi.

ORDRE DU JOUR :

1° Situation morale de la Société ;
2° Situation financière de l'exercice écoulé ;
3° Versement de   par membre au fonds commun départemental de retraite ;
4° Election de   Membres du Conseil d'administration ;
5° Autres affaires, s'il y a lieu.

Agréez, M   , l'assurance de ma considération la plus distinguée.

Le Président, Inspecteur primaire,

J. PHILIBERT.

N. B. — Afin de permettre aux sociétaires de suivre la marche de la Société, le Conseil d'administration a décidé d'adresser en même temps que la convocation ci-dessus un tableau résumant la situation générale telle qu'elle sera donnée à l'Assemblée.

(Voir ci-contre ledit tableau.)

Mutualité scolaire d'Orléans (fondée en 1899).
Résumé de la situation morale et financière au 31 décembre 1902.

STATISTIQUE DE L'ANNÉE 1902	1902	1901 (pour comparaison)	OBSERVATIONS
A. — Nombre des membres			
Honoraires ou actifs	158	152	
Participants	2.738	2.367	
B. — Recettes de l'exercice			
1° FONDS MUTUELS			
Subvention de l'État (encaissée)	» »	500 »	
— communales, dons	415 »	453 10	
Cotisations des membres honoraires	495 »	285 »	
— — participants	6.802 30	5.730 20	
Intérêts des fonds disponibles et divers	586 80	450 85	
Totaux	8.299 10	7.419 15	
2° FONDS PARTICULIERS POUR LIVRETS INDIVIDUELS			En dehors des subventions au fonds commun de retraite, le total des recettes effectuées depuis la fondation de la Société s'élève à 52.007 fr. 32, dont 45.162 fr. 20 versés par les seuls membres participants.
Cotisations des membres participants	7.301 75	6.131 60	
Dons	110 »	» »	
Totaux généraux (b)	15.710 85	13.550 75	
C. — Dépenses de l'exercice			
1° FONDS MUTUELS			
Matériel, gestions diverses	794 85	714 50	
Indemnités pour maladie	2.982 »	1.764 »	Soit 7.459 fr. 60 depuis 1899 à ce jour.
Secours extraordinaires (réserve)	99 50	44 60	
Versement au fonds commun de retraite	3.960 »	3.470 »	
Totaux	7.836 35	5.670 10	
2° FONDS PARTICULIERS POUR LIVRETS INDIVIDUELS			
Versements sur livrets de retraite	(1) 6.156 »	6.268 »	(1) Versés sur 2.423 livrets, dont 749 nouveaux. En tout 419 fr. remboursés depuis 1899.
Remboursements aux démissionnaires et aux émigrants	105 10	166 60	
Totaux généraux (c)	14.097 45	12.104 70	
Excès annuels des recettes (diff. b-c)	1.613 40	1.446 05	

D. — Avoir général au 1er janvier 1903

	Antérieur	1902	TOTAL	OBSERVATIONS
I. — Fonds disponibles { fonds mutuels	7.119 57	462 75	7.582 32	dont 376 fr. 55 réservés. (Art. 21 des statuts.)
{ fonds individuels	3.947 20	1.150 65	5.097 85	
Totaux	11.066 77	1.613 40	12.680 17	
(Montant égal au total des excès annuels de recettes.)				
II. — Fonds { Versé par la Société	6.150 »	3.960 »	10.110 »	(1) dont { acquise 3.728 fr. extr. 488 fr. 50
commun { Subventions de l'État	5.854 »	(1)4.216 50	10.070 50	
de retraite { Intérêts capitalisés	206 »	500 »	706 »	
Totaux	12.210 »	8.676 50	20.886 50	dont 6.070 en compte propre.
III. — Fonds engagés sur livrets de la Caisse nationale de retraite	12.255 »	6.156 »	18.411 (2)	(2) Répartis sur 2.060 livrets.
Ensemble (d)			51.977 67	

Le Président : **J. PHILIBERT.**   Le Trésorier central : **P. BARBIER.**

11° Renseignements utiles.

A. — Tarif de 1883 de la Caisse nationale des retraites à capital *réservé* et à 4 50 %. Fonds commun et livret mutualiste. (Versements de 1 franc par an.)

AGE au versement	PENSION acquise à 55 ans	AGE au versement	PENSION acquise à 55 ans	AGE au versement	PENSION acquise à 55 ans	AGE au versement	PENSION acquise à 55 ans
3 ans	1.3246	17 ans	0.5986	31 ans	0.2582	45 ans	0.1011
4 —	1.2498	18 —	0.5649	32 —	0.2425	46 —	0.0939
5 —	1.1803	19 —	0.5329	33 —	0.2277	47 —	0.0871
6 —	1.1152	20 —	0.5025	34 —	0.2136	48 —	0.0806
7 —	1.0541	21 —	0.4738	35 —	0.2003	49 —	0.0745
8 —	0.9965	22 —	0.4465	36 —	0.1877	50 —	0.0688
9 —	0.9422	23 —	0.4207	37 —	0.1758	51 —	0.0634
10 —	0.8910	24 —	0.3963	38 —	0.1646	52 —	0.0584
11 —	0.8424	25 —	0.3732	39 —	0.1540	53 —	0.0536
12 —	0.7964	26 —	0.3513	40 —	0.1439	54 —	0.0492
13 —	0.7526	27 —	0.3304	41 —	0.1344	55 —	0.0450
14 —	0.7111	28 —	0.3110	42 —	0.1253		
15 —	0.6716	29 —	0.2924	43 —	0.1168		
16 —	0.6342	30 —	0.2749	44 —	0.1087		

B. — Tarif de la Caisse des retraites à 3 50 %, soit à capital *réservé*, soit à capital *aliéné*, avec jouissance à 55 ans. — Versements de 1 franc par an.

AGE au versement	PENSION ACQUISE Capital réservé	PENSION ACQUISE Capital aliéné	AGE au versement	PENSION ACQUISE Capital réservé	PENSION ACQUISE Capital aliéné	AGE au versement	PENSION ACQUISE Capital réservé	PENSION ACQUISE Capital aliéné
3 ans	0.5998	0.7466	21 ans	0.2638	0.3657	39 ans	0.1031	0.1707
4 —	0.5743	0.7158	22 —	0.2513	0.3504	40 —	0.0973	0.1655
5 —	0.5499	0.6873	23 —	0.2394	0.3358	41 —	0.0917	0.1565
6 —	0.5264	0.6606	24 —	0.2279	0.3218	42 —	0.0864	0.1498
7 —	0.5038	0.6356	25 —	0.2169	0.3084	43 —	0.0813	0.1433
8 —	0.4820	0.6119	26 —	0.2064	0.2956	44 —	0.0764	0.1371
9 —	0.4611	0.5893	27 —	0.1963	0.2834	45 —	0.0717	0.1311
10 —	0.4409	0.5677	28 —	0.1866	0.2718	46 —	0.0672	0.1253
11 —	0.4215	0.5468	29 —	0.1773	0.2606	47 —	0.0629	0.1197
12 —	0.4028	0.5265	30 —	0.1684	0.2499	48 —	0.0589	0.1143
13 —	0.3848	0.5067	31 —	0.1599	0.2396	49 —	0.0550	0.1091
14 —	0.3675	0.4875	32 —	0.1517	0.2298	50 —	0.0512	0.1040
15 —	0.3508	0.4686	33 —	0.1438	0.2203	51 —	0.0477	0.0990
16 —	0.3348	0.4502	34 —	0.1363	0.2112	52 —	0.0443	0.0941
17 —	0.3194	0.4323	35 —	0.1291	0.2024	53 —	0.0411	0.0894
18 —	0.3046	0.4149	36 —	0.1222	0.1940	54 —	0.0381	0.0849
19 —	0.2904	0.3980	37 —	0.1156	0.1860	55 —	0.0352	0.0805
20 —	0.2768	0.3816	38 —	0.1092	0.1782			

C. — Remboursement des capitaux réservés.

FORMALITÉS A REMPLIR par les ayants droit pour obtenir le remboursement des capitaux réservés sur un livret de la Caisse nationale des retraites après le décès du titulaire.

Il faut déposer chez l'un des préposés de la Caisse nationale (percepteur, trésorier-payeur, etc.) :
1° Une demande de remboursement (modèle A ci-après) signée par les ayants droit (père et mère le plus souvent);
2° Le livret du titulaire décédé;
3° Si la somme à rembourser est inférieure à 150 francs, un certificat de propriété délivré par le Maire de la commune où a lieu le décès, cas ordinaire (modèle B). Présenter le livret de famille et se faire accompagner de deux témoins masculins.

N. B. — Ces formalités étant remplies, l'autorisation de remboursement n'est accordée qu'après un certain délai.

Modèle A
DEMANDE DE REMBOURSEMENT

Nous, soussignés (énoncer les nom, prénoms, qualité des ayants droit et leur degré de parenté avec le défunt), sollicitons de M. le Directeur de la Caisse des dépôts et consignations le remboursement de la somme de   francs, portée sur le livret n°   de la série   , dont feu M. (nom et prénoms) était titulaire.

A   , le   190   .

(Signatures)

Vu pour la légalisation des signatures de M.
apposées ci-contre.

A   , le   190   .

Le Maire,

(Signatures et cachet.)

Modèle B
CAISSE DES RETRAITES POUR LA VIEILLESSE
Certificat de propriété.

Je soussigné, maire de la commune d   , départ^t d   , arrond^t d   , certifie que le nommé (nom, prénoms et qualité du décédé), titulaire du livret n°   , série   , de la Caisse nationale des retraites pour la vieillesse, est décédé en notre commune, le   , et qu'il a laissé pour seuls héritiers (énoncer les nom, prénoms et qualités des héritiers et distinguer les majeurs des mineurs; s'il y a des mineurs, dénommer leurs tuteurs, indiquer le degré de parenté ainsi que la date de la délibération du conseil de famille par laquelle le tuteur aura été nommé), et que lesdits susnommés ont seuls droit de toucher les sommes qui peuvent revenir et appartenir à la succession dudit   , décédé.

En foi de quoi j'ai délivré le présent certificat pour servir et valoir aux susnommés ce que de raison.

Fait à   , ce   190   .

(Signature et cachet.)

Vu pour la légalisation de la signature de M. le Maire
de la commune d

A   , le   190   .

Le Préfet ou le Sous-Préfet,

(Cachet.)

D. — Durée des principales maladies de l'enfance (1).

1. *Abcès chaud* : 20 jours au maximum.
2. *Affections cutanées* (faire préciser) : 4 à 5 jours pour gale, impétigo, pelade, teigne.
3. *Anémie* (payer si l'enfant est alité).
4. *Angine pultacée* : 8 à 10 jours.
5. *Appendicite* : 1 mois.
6. *Bronchite* : aiguë, 1 mois ; simple, 15 jours au maximum ; broncho-pneumonie, 1 mois.
7. *Cholérine* : 8 à 15 jours.
8. *Chorée intense* : 2 à 3 mois.
9. *Conjonctivite aiguë* (sans complication) : 8 à 15 jours.
10. *Coqueluche* : 15 à 20 jours.
11. *Croup ou angines à fausses membranes* : 10 à 12 jours.
12. *Dyspepsie* : 10 à 15 jours.
13. *Embarras gastrique* : 8 jours.
14. *Entérite* : 1 mois.
15. *Érysipèle* : 15 à 20 jours.
16. *Fièvre muqueuse* : 20 jours.
17. *Fièvre typhoïde* : 6 semaines.
18. *Fractures de bras ou jambes* : 4 à 5 semaines.
19. *Grippe* : 8 jours.
20. *Hydarthrose du genou* : 2 mois.
21. *Ictère* : 1 mois (payer la première fois seulement).
22. *Luxation de l'épaule, du bras, du pouce* : 10 jours.
23. *Oreillons* : 8 jours.
24. *Otite aiguë* : 3 semaines.
25. *Péritonite* : aiguë, 1 mois ; tuberculeuse, 3 mois.
26. *Pleurésie* : sans épanchement, 3 semaines ; avec épanchement, 6 semaines au maximum.
27. *Rhumatisme* : aigu, 5 à 6 semaines ; localisé, 8 à 15 jours.
28. *Rougeole* : 8 à 10 jours ; *Rubéole* : 5 à 8 jours.
29. *Scarlatine* : 15 à 20 jours.
30. *Tuberculose* (payer si l'enfant est alité).
31. *Variole* : 1 mois ; *Varioloïde* : 8 à 10 jours.

---

(1) Tableau dressé d'après la pratique du Conseil d'administration et les avis du médecin-conseil de la Mutualité scolaire d'Orléans. Revisé d'après un travail émanant de l'Union des Sociétés scolaires du Pas-de-Calais.

IV. — Charges imposées par la loi aux communes.

(D'après la circulaire interprétative du 15 septembre 1901).

1º Locaux :

La commune doit fournir sans rétribution une salle convenable, nantie du matériel voulu pour que la Société puisse délibérer, chauffée en hiver et éclairée le soir.

2º Registres :

Un registre matricule.
Un journal pour le trésorier (livre de caisse);
Un registre blanc destiné aux procès-verbaux ;
Des livrets à l'usage des Sociétaires pour inscrire leurs versements ;
Un livret ou des feuilles de visite pour maladie.

N. B. — La fourniture des registres pourrait être remplacée par une *subvention* annuelle payée par la commune : cette dernière combinaison, très avantageuse pour les deux parties, est usitée à Orléans et mérite d'être généralisée.

V. — Mutualités communales.

Les *Mutualités communales* comportent évidemment une organisation beaucoup plus simple dans quelques-unes de ses parties que celle des Mutualités régionales. Néanmoins, les trésoriers des Mutualités communales consulteront utilement les *instructions* qui précèdent, en tenant compte des remarques suivantes :

1º Pour les *Membres honoraires*, la situation reste la même ;

2º Pour l'*admission des Membres participants*, le *bordereau* d'envoi des feuilles d'adhésion n'a évidemment pas de raison d'être, mais la tenue du registre matricule du Secrétaire général devient obligatoire ;

3º Pour le *recouvrement des cotisations* des Membres participants, le bordereau trimestriel d'envoi d'argent, le registre spécial de la situation financière du Sociétaire et la feuille du *Trésorier central* pour avertissements de retard, deviennent sans objet.

Mais le Trésorier de section devenu *Trésorier central* doit tenir le livre de caisse, le carnet à souches pour reçus et le répertoire général de ce dernier;

4° Pour les *feuilles de maladie* ou toute autre pièce de dépense, il y aurait lieu de les compléter par un « Bon à payer » du Président et par un « Acquit » de la partie prenante;

5° Ce qui a été dit de l'inscription des annuités versées au fonds commun (si la Société est agrégée à l'Union départementale), des obligations du Trésorier central et du Secrétaire général en ce qui concerne les versements aux livrets individuels de retraite, les changements de résidence, etc., incombe évidemment au Trésorier de la Société communale;

6° L'*apurement* des comptes comporte les opérations réservées aux contrôleurs dans les Mutualités régionales;

7° Le travail du Secrétaire général et du Trésorier central pour les procès-verbaux des réunions, les convocations à l'assemblée générale, etc., incombe aussi au Secrétaire-Trésorier de la Société communale.

Etc...

J. PHILIBERT.

www.ingramcontent.com/pod-product-compliance
Lightning Source LLC
LaVergne TN
LVHW021735080426
835510LV00010B/1271